LES FAUX AMIS EN ANGLAIS

Les faux amis en anglais

par
Anne-Marie PATEAU
Professeur certifié d'anglais
et
William B. BARRIE
*Maître de conférences à l'UFR d'études anglophones,
Université Paris VII-Denis-Diderot,
Lecturer, British Institute in Paris, University of London*

LE LIVRE DE POCHE

© Librairie Générale Française, 1998.

Les faux amis

Comment leur rester fidèles ?
Who's afraid of the big, bad look-alikes?

ENGLISH – FRENCH
FRANÇAIS – ANGLAIS

En guise d'introduction

S'il est bon, voire primordial, de *comprendre* un texte anglais, il n'est pas moins essentiel, de nos jours, de pouvoir *s'exprimer* spontanément et directement à l'oral comme à l'écrit. Dès que l'on a franchi les premières étapes dans l'apprentissage de l'anglais – accoutumance à la prononciation et à la compréhension auditive – surgit une autre difficulté : l'emploi du *mot juste*.

Paradoxalement, cette difficulté est accentuée, dans le cas des relations entre le français et l'anglais, par la consanguinité des deux langues. Des origines partiellement communes et une longue histoire partagée depuis la Romanité jusqu'à la fin du Moyen Age ont forgé un riche fonds lexical également vivant sur les deux rives du *Channel*. On compte encore par milliers les mots de forme et de sens extrêmement voisins qui ne comportent pas le moindre risque de confusion. Mais, à l'inverse, on dénombre également des cas de similitude trompeuse, que l'on appelle *faux amis* ou *mots sosies* (en anglais *look-alikes*).

Il s'agit de mots dont l'étymologie est la même, mais qui ont suivi, à partir d'une forme commune généralement tirée du latin populaire, une évolution sémantique différente pour chaque langue. Ainsi le latin *decipere* (tromper, faire illusion) a pu donner *deceive/deception* en anglais et *décevoir/déception* en français. Le sens premier s'est conservé en anglais, mais s'est affaibli en français, de telle sorte qu'aujourd'hui ces mots dont la forme est similaire ou identique dans les deux langues désignent dans chacune d'elles des réalités fort différentes.

On peut toujours craindre soit de mal comprendre son interlocuteur soit – pire encore ! – de se sentir ridicule devant l'incompréhension de celui-ci. Le mot français *hôte* correspondant en anglais soit à *host,* soit à *guest,* un Anglais non averti pourrait fort bien imaginer, en entendant de la bouche de son interlocuteur français au cours d'une conversation : «*You will be my* host», que ce damné Français tient à se faire payer le repas, alors que l'intention était, au contraire, de lancer une invitation : «*You will be my* guest.»

Le Français pourrait à son tour s'étonner du ravissement apparent de toute la compagnie à l'annonce que *John has just been called to the bar.* Pourquoi le fait d'être *appelé au bar* suscite-t-il une telle joie? A moins que ledit John ait été appelé à *témoigner à la barre*... Mais l'allégresse générale ne s'explique que lorsque notre Français comprend que *John vient d'être inscrit au barreau* !

En effet, dans un système linguistique, les mots hors contexte ne sont que les matériaux bruts, susceptibles d'emplois et de significations variés. Dès qu'ils se combinent entre eux, ils peuvent prendre un sens différent au sein d'une expression composée. Ce phénomène, dira-t-on, se rencontre dans toutes les langues, mais il revêt dans chacune d'elles des caractéristiques particulières.

Cet ouvrage réunit donc, *dans une même liste,* une sélection de mots et de locutions idiomatiques *à la fois anglais et français*, qui risqueraient de faire obstacle à la compréhension ou à l'expression dans la vie de tous les jours. Pour mieux faire ressortir les caractéristiques principales du groupe lexical concerné, nous avons parfois inclus dans la même rubrique certains *vrais amis* de la même famille.

Sans aucune prétention à l'exhaustivité, mais en se fondant sur une longue expérience pédagogique, le présent ouvrage vise donc à aider le francophone à déjouer les pièges les plus fréquemment tendus sous ses pas. La détection des *faux amis* est d'ailleurs presque un jeu où l'on frôle à chaque instant le comique de situation.

Castigare ridendo verba : tel est l'esprit de ce modeste florilège.

Dip into it for pleasure or for profit, or read it from cover to cover – possibly for an exam!

Mais en toutes circonstances, quelle que soit la *forme*, restons fidèles au *fond* !

Les auteurs

PRÉSENTATION

Nous avons pris le parti tout à fait arbitraire de respecter strictement l'ordre alphabétique pour l'anglais seulement, car il nous semblait que tout francophone saurait aisément se retrouver dans le regroupement des mots français situé à droite dans la même rubrique.

ABRÉVIATIONS

En principe nous n'aimons pas les abréviations, source de tant de tracasseries de décryptage! Pour des raisons de clarté et de concision il fallait bien en avoir, mais nous nous sommes efforcés d'en réduire le nombre au maximum et de les rendre le plus «parlantes» possible. Les voici!

La grammaire

abrév	abréviation
adj	adjectif
adv	adverbe
FA	faux ami
fam	familier
fig	sens figuré
GB	anglais plus spécifiquement britannique
Gr	grammaire
lit	littéraire ou administratif
loc	locution
n	nom
n sing inv	nom singulier invariable (**IMPORTANT! Pas de pluriel! Jamais précédé de l'article indéfini!**)
n plur inv	nom pluriel invariable (**IMPORTANT! Pas de singulier! Jamais précédé d'un nombre!**)
péj	péjoratif
plur	pluriel
qn	quelqu'un
sb	somebody, someone

sing	singulier
US	anglais plus spécifiquement nord-américain
VA	vrai ami
vb	verbe

Les thèmes

Admin	administration
Agr	agriculture
Anat	anatomie
Auto	automobile
Ciné	cinéma
Com	commerce
Cuis	cuisine
Econ	économie
Elect	électricité
Ens	enseignement
Fin	finance
Géog	géographie
Jur	juridique
Lit	littérature
Méd	médecine
Mil	militaire
Mus	musique
Naut	nautisme
Photo	photographie
Pol	politique
Psych	psychologie
Rel	religion
Sp	sport
Tech	technique
Th	théâtre
Zool	zoologie

LA TRANSCRIPTION PHONÉTIQUE

Que ceux (ou celles) qui seraient fâchés (ou fâchées) avec les symboles phonétiques se rassurent ! Nous ne donnons la transcription phonétique que dans les cas où cela paraît indispensable. Par contre, pour tous les mots anglais, nous avons marqué partout d'un petit trait vertical la place de l'accent tonique principal, si essentiel pour apprécier non seulement prose et poésie, mais également pour bien comprendre les anglophones – qu'ils soient anglais, écossais, gallois, irlandais, américains, canadiens, australiens ou néo-zélandais – et se faire comprendre d'eux !

Le système que nous avons adopté est celui du *International Phonetic Alphabet* adopté par A.C. Gimson dans la 14e édition du *English Pronouncing Dictionary* de Daniel Jones. Le voici :

CONSONNES

[p]	comme dans PEN	[s]	comme dans SUN
[b]	comme dans BOY	[z]	comme dans ZERO
[t]	comme dans TEA	[ʃ]	comme dans FISH
[d]	comme dans DAY	[ʒ]	comme dans DECISION
[k]	comme dans COKE	[h]	comme dans HOT
[g]	comme dans GUN	[m]	comme dans MURDER
[tʃ]	comme dans CHEER	[n]	comme dans NO
[dʒ]	comme dans JUMP	[ŋ]	comme dans THING
[f]	comme dans FAT	[l]	comme dans LOVE
[v]	comme dans VERY	[r]	comme dans RED
[θ]	comme dans THING	[j]	comme dans YES
[ð]	comme dans THIS	[w]	comme dans WILL

VOYELLES ET DIPHTONGUES

[iː]	comme dans SHEEP	[ɜː]	comme dans BIRD
[ɪ]	comme dans SHIP	[ə]	comme dans TEACHER
[e]	comme dans BED	[eɪ]	comme dans MAKE
[æ]	comme dans BAD	[əʊ]	comme dans NOTE
[ɑː]	comme dans BAR	[aɪ]	comme dans MY
[ɒ]	comme dans NOT	[aʊ]	comme dans NOW
[ɔː]	comme dans SCORE	[ɔɪ]	comme dans BOY
[ʊ]	comme dans PUT	[ɪə]	comme dans NEAR
[uː]	comme dans MOON	[ɛə]	comme dans THERE
[ʌ]	comme dans CUT	[ʊə]	comme dans POOR

A

ENGLISH	FRANÇAIS
a'bandon *n* entrain, exubérance. a'bandon *vb (sentiments)* abandonner; renoncer; *they abandoned all hope* ils ont renoncé à tout espoir. a'bandoned *adj* débauché, dépravé, dissolu.	abandon *n (Jur)* desertion; *(loc) le château a été laissé à l'abandon* the castle has been left to go to ruin. abandonner *vb* 1 abandon; *j'abandonne (la partie)!* I give up! *(fig) elle s'est abandonnée à son chagrin* she was overwhelmed with grief 2 desert; leave; *il a abandonné femme et enfant* he deserted his wife and child; *un village abandonné* a deserted village.
a'bate [əˈbeit] *vb* 1 *(vent)* faiblir; *(orage, sentiments)* se calmer 2 *(nuisances)* réduire. a'batement *n (nuisances)* réduction, baisse.	abattre *vb* 1 *(animal)* slaughter 2 *(personne)* shoot down 3 *(arbre)* fell. abattage *n* 1 *(animal)* slaughter 2 *(personne) (loc) elle a de l'abattage!* she's got plenty of dynamism! abattement *n (fiscalité)* (income tax) allowance. abattu *adj (humeur)* depressed.
'abbey *n* abbaye. 'abbot *n* abbé.	abbaye *n* abbey. abbé *n* abbot; priest.
a'bility *n* capacité, compétence; *I did it to the best of my ability* j'ai fait de mon mieux. able [eibl] *adj* capable; *he's a very able person* c'est quelqu'un de très compétent.	habileté *n (manuelle, diplomatique)* cleverness, skill. habile *adj (manuellement, diplomatiquement)* clever, skil(l)ful.

13

ENGLISH

a'brupt [ə'brʌpt] *adj (manière)* bourru; sec.

a'buse [ə'bju:z] *vb* **1** *(enfants surtout)* abuser (de); *she had been abused* elle avait été violée **2** injurier; insulter; *he abused her in front of me* il l'a insultée devant moi.

a'buse [ə'bju:s] *n* **1** abus *(pouvoir)* **2** *sing inv (enfants surtout)* mauvais traitement(s); sévices sexuels **3** *(FA sing inv)* insulte(s); *he gave me a lot of abuse* il m'a couvert d'injures.

a'busive [ə'bju:zɪv] *adj* **1** abusif **2** grossier; injurieux.

ac'cept *vb* accepter.
ac'ceptance n acceptation.

accep'tation *n* acception *(d'un mot)*.

'access *n (VA)* accès; *we have no access to those files* nous n'avons pas accès à ces dossiers.

ac'cessary/-ory [ək'sesərɪ] *adj* accessoire ♦ *n* **1** *(VA) (outillage)* accessoire **2** *(FA) (Jur)* complice.

FRANÇAIS

abrupt *adj (pente)* steep.

abuser *vb* **1** misuse; *il a abusé de sa gentillesse* he took unfair advantage of her kindness **2** *(loc) si je ne m'abuse* if I am not mistaken.

abus *n* **1** *(pouvoir)* abuse, misuse **2** excess; *l'abus d'alcool est dangereux pour la santé* over-indulgence in alcohol can seriously injure your health; *(Jur) abus de confiance* breach of trust; *(fam) il y a de l'abus!* that's a bit much! that's going too far!

abusif *adj* **1** improper **2** unjustified **3** excessive; *c'est une mère abusive* she's an over-possessive/over-demanding mother.

accepter *vb* **1** *(suivi d'un nom = VA)* accept, agree (to); *j'ai accepté sa proposition* I agreed to/accepted his proposal **2** *(suivi d'un infinitif = FA)* agree; *j'ai accepté de le rencontrer* I agreed to meet him.

acceptation *n (d'un cadeau, honneur...)* acceptance.

accès *n* **1** *(VA)* access **2** *(FA) (émotions)* outburst; *un accès de colère* a fit of rage; *(douleur)* attack; *un accès de fièvre* a bout of fever.

accessoire *adj* accessory ♦ *n* accessory *(sens 1)*.

ENGLISH	FRANÇAIS
'accident *n (danger)* accident *(sens 1)*.	**accident** *n* **1** *(VA)* accident **2** *(FA) (terrain)* unevenness. **accidenté** *adj* **1** *(véhicule...)* damaged; *(personne)* injured **2** *(terrain)* hilly, mountainous.
a'ccommodate *vb* héberger, loger. **accommo'dation** *n* hébergement.	**accommoder** *vb* adapt; *elle s'est accommodée de la situation* she adapted to the situation; *(Cuis) elle sait bien accommoder les restes* she knows how to use up left-overs.
a'ccomplishment *n* **1** *(VA)* accomplissement **2** *(FA)* don, talent.	**accomplissement** *n* accomplishment; accomplishing.
a'ccost *vb (légèrement péj) (VA)* accoster, aborder (quelqu'un).	**accoster** *vb (FA) (Naut) (quai)* berth; *(rivage)* moor.
a'ccount *n* **1** compte **2** compte rendu **3** récit. **a'ccount** *vb* expliquer, justifier; *how do you account for the loss of memory?* comment expliquez-vous cette amnésie?	**acompte** *n (Com)* advance, deposit.
a'ccuse *vb (Jur)* accuser; *the accused* l'accusé(e).	**accuser** *vb* **1** *(Jur)* accuse **2** *(FA)* emphasize; *il a des traits accusés* his features are very marked; *elle commence à accuser son âge* she's beginning to show her age **3** *(Com)* acknowledge; *nous accusons réception de votre lettre* thank you for your letter.
a'chieve [ə'tʃiːv] *vb* accomplir; réaliser; réussir.	**achever** *vb* **1** complete; *je viens d'achever mon travail* I've just finished my work **2** kill; *ils l'ont achevé d'une balle dans la tête* they finished him off with a bullet in the head.
a'chievement [ə'tʃiːvmənt] *n* réalisation; réussite, exploit.	**achèvement** *n* completion.

15

ENGLISH

a'cquit [əˈkwɪt] *vb (Jur)* acquitter.

a'cquittal [əˈkwɪtl] *n (Jur)* acquittement.

act *n* **1** *(cabaret, cirque...)* numéro; *(aussi fig) put on an act* jouer la comédie **2** *(Jur) (~ of Parliament)* loi ◆ *vb (Th)* jouer; *(fig) he's just (play)acting* c'est de la comédie.

'action *n (le fait d'agir)* action.

'actual *adj (souvent dans le cadre d'une polémique)* réel, véritable; *in actual fact* en fait, en réalité.

actu'ality *n* réalité; *the actuality is different* la réalité est autre.

'actually *adv* en réalité; *and/ but actually...* et/ mais en fait...

a'ddress *n* **1** *(VA)* adresse (postale) **2** *(FA)* discours *(électoral, etc.)* ◆ *vb* **1** adresser *(une lettre)* **2** s'adresser (à); *he addressed the crowd* il s'est adressé à la foule; *(ton agressif ou sarcastique) are you addressing me?* est-ce à moi que vous parlez?

'adept *adj & n (~ at)* expert (en).

FRANÇAIS

acquitter *vb* **1** *(Jur)* acquit **2** *(facture)* receipt (a bill) **3** *(impôts)* pay.

acquit *n* **1** *(Com)* receipt **2** *(loc) je l'ai fait par acquit de conscience* I did it to be on the safe side.

acte *n* certificate, deed; *acte de naissance* birth certificate.

action *n* **1** *(le fait d'agir)* action **2** *(Bourse)* share.

actuel *adj* present-day; *le gouvernement actuel* the present government; *les prix actuels* current prices.

actualité *n* current events; *ce n'est plus d'actualité* it's no longer a topical issue; *(radio, TV) les actualités* the news.

actuellement *adv* at present, now; nowadays.

actualiser *vb* bring up to date, update.

adresse *n* address *(sens 1)*.

adresser *vb* **1** address **2** apply (to); *il faut s'adresser au ministère* you must apply to the ministry/go and see the ministry about it.

adepte *n* **1** *(Rel)* follower **2** lover; *les adeptes du rugby* rugby fans.

ENGLISH	FRANÇAIS

adminis'tration *n* **1** *(GB)* administration **2** *(US)* gouvernement.

administration *n* administration *(sens 1)*.

---

ad'mission *n* **1** aveu **2** entrée; accès; *admission free* entrée gratuite.

ad'mittance *n* entrée; *no admittance* entrée interdite.

admission *n* admission, entry; *concours d'admission* (competitive) entrance examination.

'advertise ['ædvətaɪz] *vb* **1** faire connaître **2** faire de la publicité **3** faire passer une petite annonce.

ad'vertisement [əd'vɜːtɪsmənt] *(GB)* [ædvə'taɪzmənt] *(US) n* **1** publicité **2** petite annonce.

'advertising ['ædvətaɪzɪŋ] *n* publicité *(en général)*.

avertir *vb* notify; warn.
averti *adj* experienced.

avertissement *n* **1** notice; warning **2** réprimand.

avertisseur *n* warning signal. *(Auto)* horn, klaxon.

---

ad'vice [əd'vaɪs] *n sing inv* conseil(s); *can I give you a piece of advice?* puis-je te donner un conseil?

avis *n* **1** opinion; *à mon avis* in my opinion; *je suis de votre avis* I agree with you; *j'ai changé d'avis* I've changed my mind **2** notice; *(loc) jusqu'à nouvel avis* until further notice.

---

ad'visable [əd'vaɪzəbl] *adj* à conseiller, sage, raisonnable.

ad'vise [əd'vaɪz] *vb* conseiller; *I advise you to do it straight away* je te conseille de le faire tout de suite.

ad'visor [əd'vaɪzə] *n* conseiller.

avisé *adj* shrewd.

aviser *vb* **1** inform, notify **2** glimpse **3** reflect (before deciding) **4** *(s'~)* realize, become aware.

---

a'ffair *n* **1** *(sing)* aventure *(amoureuse)* **2** *(comme plur inv)* affaires publiques; *the Foreign Affairs Minister* le ministre des Affaires étrangères **3** *(loc) it's not your affair!* cela ne te regarde pas!

affaire *n* **1** *(Pol, etc.)* scandal **2** *(Com)* transaction; *il a une affaire importante à traiter* he's busy with a big (business) deal **3** *NB en tant que plur inv =* business *(sing inv); il est dans les affaires* he is in business; *les affaires sont les affaires* business is business.

ENGLISH

a'ffect *vb (sentiments)* affecter.

affec'tation *n (manières)* affectation.

'affluence *n* prospérité, richesse.

'affluent *adj* prospère; *the affluent society* la société d'abondance.

a'genda [ə'dʒendə] *n* ordre du jour; *it's on the agenda for this afternoon* cela figure à l'ordre du jour pour cet après-midi.

'aggravate *vb* **1** aggraver **2** exaspérer; *it's most aggravating!* c'est agaçant au possible.

aggra'vation *n* **1** aggravation; détérioration **2** exaspération.

'agitate *vb* faire de l'agitation.

'agonize ['ægənaɪz] *vb* souffrir le martyre.

'agonizing *adj* angoissant, atroce.

'agony *n* douleur; angoisse; *(GB) the agony column* le courrier du cœur.

FRANÇAIS

affecter *vb* **1** affect **2** *(Admin)* appoint; *il a été affecté à un autre poste* he was appointed to another post.

affectation *n* **1** *(manières)* affectation **2** *(Admin)* appointment.

affluence *n* crowd; *les heures d'affluence* the peak/ rush hours.

affluent *n (Géog)* tributary.

agenda *n* diary.

aggraver *vb* aggravate, deteriorate; worsen; *n'aggrave pas les choses!* don't make things worse!

aggravation *n* aggravation, deterioration, worsening.

agiter *vb (main, mouchoir...)* wave; *(flacon)* shake; *le chien agite la queue* the dog is wagging its tail; *tout le monde s'agitait* everyone was rushing around.

agoniser *vb* be at death's door.

agonisant *adj* dying.

agonie *n* death agony/throes; *elle est à l'agonie* she is dying/on her deathbed.

ENGLISH

a'gree vb **1** (intransitif) être d'accord; *I agree with you* je suis de ton avis **2** approuver; *they have agreed (to) the project* ils ont accepté le projet.

a'greeable adj **1** agréable; *we spent an agreeable evening* nous avons passé une soirée agréable **2** consentant; *if you are agreeable* si vous en êtes d'accord.

a'greement n accord; *we're in agreement* nous sommes d'accord.

a'llege [ə'ledʒ] vb alléguer.

'alley n (jardin, parc) allée; (ville) ruelle; (aussi fig) blind alley impasse.

a'lliance [ə'laɪəns] n (Mil) alliance.

a'llure [ə'ljʊə] n (aspect) attrait, charme, séduction.
a'lluring adj charmant, séduisant

'alter [ɒltə] vb changer, transformer.

'alterable adj transformable.

FRANÇAIS

agréer vb **1** accept, approve; *le projet doit encore être agréé par les syndicats* the project has yet to be approved by the unions **2** (lettre) *veuillez agréer l'expression de mes salutations distinguées* yours faithfully.

agréable adj agreeable, pleasant, pleasing.

agrément n **1** approval **2** charm; *c'est un des agréments de la vie* it's one of the pleasures in life; *un voyage d'agrément* a pleasure trip.

alléger vb (fardeau) lighten; (douleur) alleviate, soothe; *fromage allégé* low-fat cheese.

allée n (entrée) drive; (jardin, parc) walk; (église) aisle; *allées et venues* comings and goings.

alliance n **1** (Mil) alliance **2** marriage; *un oncle par alliance* an uncle by marriage **3** (bague) wedding ring.

allure n **1** (aspect) appearance; charm; *elle a de l'allure* she is a fine-looking girl **2** (maintien) bearing; (démarche) walk **3** speed; *à toute allure* at full speed.

altérer vb deteriorate, spoil; fade; *un visage altéré par la souffrance* a face drawn with pain.

altérable adj prone to deterioration.

ENGLISH	FRANÇAIS

alte'ration *n* changement, transformation.

altération *n* deterioration.

'amateur *adj* ♦ *n* (*non professionnel*) amateur.

amateur *n* **1** (*non-professionnel*) amateur **2** enthusiast; *c'est un amateur de football/de musique* he's a football fan/music lover.

a'mend *vb* (*Jur, etc.*) modifier.

amender *vb* **1** improve; (*terre*) enrich **2** (*loc*) *il s'est amendé* he has mended his ways/turned over a new leaf.

a'mends *n plur inv* (*loc*) *make amends* faire amende honorable; compenser.

amende *n* **1** *il a voulu faire amende honorable* he tried to make amends **2** (*contravention*) fine.

a'menity *n* (*souvent plur*) commodité(s), agrément(s) (*matériel[s]*).

aménité *n* (*manières*) affability, amiability.

'amiable *adj* aimable, affable.

amiable *adj* (*Jur*) amicable; *régler une affaire à l'amiable* settle a dispute out of court.

'ancient *adj* **1** antique; *ancient Greece* la Grèce antique **2** (*dérision*) préhistorique; *my car is ancient* ma voiture est une antiquité. *Voir aussi ANTIQUE.*

ancien *adj* **1** former, old; *ancien ministre* former minister; *ancien élève* former pupil, old boy; *ancien combattant* war veteran **2** (*meubles, etc.*) antique. *Voir aussi ANTIQUE.*

a'nnounce *vb* annoncer.

a'nnouncement *n* annonce; *the PM will make an announcement on TV* le premier ministre va intervenir à la télévision.

annonce *n* **1** announcement **2** advertisement; *les petites annonces* the small ads.

a'nnouncer *n* (*TV, radio*) présentateur, speaker.

a'nnoy *vb* agacer, contrarier, importuner.

ennuyer *vb* **1** annoy **2** bore; *il s'ennuie* he is bored.

a'nnoyance *n* agacement, contrariété, ennui.

ennui *n* **1** annoyance, nuisance **2** boredom.

ENGLISH

'antics *n plur inv* bouffonnerie(s).

'antiquated *adj* complètement démodé.

an'tique *adj* ancien; *antique furniture* meubles de style ♦ *n* antiquité; *he's an antique dealer* il est antiquaire.

anx'iety [æŋ'zaɪətɪ] *n* **1** anxiété **2** désir; impatience; *his anxiety to succeed professionally* son ambition de réussite professionnelle.

'anxious ['æŋkʃəs] *adj* **1** anxieux **2** impatient : *she's anxious to meet you* il lui tarde de vous connaître.

apolo'getic *adj he was most apologetic* il se confondait en excuses.

a'pologize [ə'pɒlədʒaɪz] *vb* faire des excuses.

a'pology *n* **1** (*Lit*) apologie **2** excuses; *please accept my sincere apologies* veuillez accepter mes excuses les plus sincères.

appa'rition *n* fantôme.

a'ppearance *n* **1** apparition; *he put in a brief appearance* il a fait une brève apparition **2** apparence, aspect.

FRANÇAIS

antiquité *n* **1** antique; *il est marchand d'antiquités* he's an antique dealer **2** *(historique) dans l'Antiquité* in antiquity, in ancient times.

antique *adj* ancient; *la Grèce antique* ancient Greece.

anxiété *n* anxiety, anguish.

anxieux *adj* anxious, anguished.

apologie *n* **1** (*Lit*) apology; *Platon a écrit l'apologie de Socrate* Plato wrote the apology of Socrates **2** defence; *son discours n'était qu'une longue apologie du racisme* his speech was nothing but a long justification of racism.

apparition *n* appearance; *il a fait une brève apparition à la télévision* he appeared on television for a short time.

apparence *n* appearance, look.

ENGLISH

a'ppeal *n* **1** *(Jur)* appel; *he decided to appeal/lodge an appeal* il a décidé de faire appel **2** *(à l'aide)* appel **3** attrait, séduction; *she has loads of sex-appeal!* elle est on ne peut plus sexy!

a'ppeal *vb* **1** plaire; *the idea doesn't appeal to me* l'idée ne me séduit/sourit pas **2** supplier; *she appealed for help* elle a appelé au secours.

'applicant *n* candidat *(à un poste)*.

appli'cation [æplɪˈkeɪʃən] *n* **1** application **2** demande; candidature; *I've sent in my application* j'ai posé ma candidature.

a'pply [əˈplaɪ] *vb* **1** appliquer; *applied science* la science appliquée **2** demander; *he applied to me for a job* il s'est adressé à moi pour un travail.

---

a'ppoint [əˈpɔɪnt] *vb* nommer.

---

a'ppointment *n* **1** nomination (à un poste); *he got a very good appointment* il a été nommé à un poste très important **2** rendez-vous; *make an appointment with him* prenez rendez-vous avec lui.

---

appre'hend *vb* craindre.

FRANÇAIS

appel *n* **1** *(Jur)* appeal **2** *(à l'aide)* appeal; *il a lancé un appel pour aider les démunis* he launched an appeal to help the poor **3** *(énergique)* call; *il a lancé un appel à l'insurrection* he called for the people to revolt.

appeler *vb* **1** call; *comment appelle-t-on cela?* what do you call that? **2** *j'en appelle à votre générosité* I appeal to your generosity **3** *(énergique)* call; *elle a appelé au secours* she called for/cried out for help.

---

application *n* application *(sens 1)*; *il faut mettre ses principes en application* you have (got) to put your principles into practice/you must practise what you preach.

appliquer *vb* apply *(sens 1)*; *il s'applique* he does his best.

---

appoint *n* **1** *chauffage d'appoint* auxiliary heating **2** *(monnaie) je n'ai pas l'appoint* I haven't got (the right) change.

appointer *vb* pay; *il est appointé au mois* he is paid monthly.

appointements *n plur inv* salary.

---

appréhender *vb* **1** apprehend, fear **2** *(Jur)* arrest, put under arrest.

ENGLISH

appre'hension *n* crainte.

a'pproach *vb* **1** *(VA)* approcher **2** *(FA)* aborder; *I don't dare approach him on the subject* je n'ose pas aborder ce sujet avec lui.

apt *adj* **1** enclin; *he's apt to lose his temper* il a tendance à se mettre facilement en colère **2** *(remarque)* juste, pertinent.

'Arab *adj (nation)* arabe; *the Arab countries* les pays arabes ◆ *n* Arabe.

'Arabic *adj (culture, langue)* arabe; *Arabic culture/language* la culture/langue arabe ◆ *n* arabe; *he speaks Arabic* il parle arabe.

'argue ['ɑ:gju:] *vb* **1** arguer **2** discuter; se disputer.

'argument ['ɑ:gjʊmənt] *n* **1** argument **2** dispute.

arm *n* **1** bras **2** *(NB comme plur inv)* armes; *the arms race* la course aux armements; *(fig) we were up in arms against the project* nous nous sommes insurgés contre le projet **3** *coat of arms* armoiries ◆ *vb* armer, fournir des armes à.

a'rrest *vb (Jur)* arrêter ◆ *n* arrestation; *he is under arrest* il est en état d'arrestation/aux arrêts.

FRANÇAIS

appréhension *n* apprehension, fear.

approcher *vb* approach *(sens 1)*.

apte *adj* suitable; *apte au service* fit for military service.

arabe *adj* **1** *(nation)* Arab **2** *(culture, langue)* Arabic.

Arabe *n* **1** *(nation)* Arab; *les Arabes sont originaires de l'Arabie* the Arabs originally came from Arabia **2** *(langue)* Arabic; *il parle arabe* he speaks Arabic.

arguer *vb* argue, justify.

argument *n* argument; (detailed) justification.

arme *n* weapon; *une arme de poing* a handgun; *l'arme atomique* the atomic weapon; *l'arme de dissuasion* the (nuclear) deterrent.

armer *vb* **1** *(navire)* fit out **2** *(arme)* cock **3** *(mécanisme)* set.

arrêter *vb* **1** *(Jur)* arrest; *il a été arrêté par la police* he was arrested by the police **2** stop; *arrête de parler!* stop talking!

ENGLISH

ar'ticulate *vb* articuler ◆ *adj* qui s'exprime bien; *she is very articulate* elle s'exprime avec aisance et clarté.

arts *(n plur inv)* **1** les arts **2** *(études)* lettres; *BA (Bachelor of Arts)* licencié ès lettres.

a'spire [ə'spaɪə] *vb* aspirer, prétendre; *he aspires to be prime minister* il a l'ambition de devenir premier ministre.

a'ssist *vb* aider, seconder.

a'ssistance *n* aide, secours; *can I be of any assistance to you?* puis-je vous être utile?

a'ssistant *n* aide; *shop assistant* vendeur ◆ *adj* adjoint; *assistant manager* sous-directeur.

a'ssume [ə'sju:m] *vb* **1** *(responsabilité...)* assumer **2** supposer; *I assume that you have found a better position* je m'imagine que tu as trouvé un meilleur poste.

a'ssumption [ə'sʌmpʃən] *n* supposition, hypothèse.

A'ssumption *n (Rel)* Assomption.

a'ttempt *vb* tenter; *they attempted to solve the problem* ils ont tenté de résoudre le problème; *attempted murder* tentative de meurtre ◆ *n* **1** tentative **2** *(NB + life)* attentat; *an attempt was made on his life* on a attenté à sa vie.

FRANÇAIS

articuler *vb* articulate.

articulé *adj* articulated; *bien articulé* clearly pronounced.

arts *n plur inv* arts; *les beaux-arts* the fine arts.

aspirer *vb* **1** aspire **2** breathe in; *aspirez! expirez!* breathe in! breathe out!

assister *vb* **1** assist, help **2** *(+ à)* attend; *il a assisté à mon mariage* he attended my wedding; *j'ai assisté à l'accident* I witnessed the accident.

assistance *n* **1** assistance **2** *(Th)* audience; *(église)* congregation; *(Sp)* spectators.

assistant *n* **1** assistant; *assistante sociale* social/welfare worker **2** bystander, spectator.

assumer *vb* assume *(sens 1)*.

Assomption *n (Rel)* Assumption.

attenter *vb* attack; *ils ont attenté à la sûreté de l'Etat* they conspired against the security of the State.

attentat *n* attack; *attentat à la bombe* bomb attack.

ENGLISH

a'ttend *vb* **1** assister à; *we attended the wedding* nous avons assisté au mariage **2** *(Méd)* soigner **3** *(personnage officiel)* accompagner ♦ *(+ to)* s'occuper (de); *I'll attend to that* je m'en charge.

a'ttendance *n* **1** *(Ens)* présence **2** *(Th, etc.)* assistance; *there was a good attendance* les gens sont venus nombreux **3** *(Méd)* assistance.

a'ttendant *n* gardien, surveillant.

'audience *n* **1** *(Admin, etc.)* audience **2** assistance, auditoire; *there was a large audience* le public était nombreux.

au'dition *n* *(Th)* audition, essai.

'auditor *n* commissaire aux comptes.

---

ax (US) / **axe** (GB) *n* **1** hache **2** réductions budgétaires **3** *(fam)* renvoi; *he was given the axe* il a été renvoyé ♦ *vb* **1** *(employé)* renvoyer **2** *(budget)* réduire.

FRANÇAIS

attendre *vb* **1** *(quasi-certitude)* expect; *nous attendons des amis ce soir* we're expecting friends tonight **2** wait; *espérons qu'ils ne nous feront pas attendre* let's hope they won't keep us waiting.

---

audience *n* **1** audience *(sens 1)* **2** *(Jur)* court hearing.

audition *n* **1** *(Th)* audition **2** *(Jur)* hearing.

auditeur *n* *(radio)* listener.

auditoire *n* audience.

---

axe *n* **1** *(mathématiques)* axis *(plur = axes)*; **2** *(Tech)* axle; **3** *(route)* roadway; *axe principal* main road.

axer *(sur)* *vb* centre (on).

B

ENGLISH	FRANÇAIS
'bachelor ['bætʃələ] *n* **1** célibataire (homme); *bachelor's flat* garçonnière **2** *(université) Bachelor of Arts* licencié ès lettres.	**bachelier** *n (équivalence) (GB)* A-level student; *(US)* high school graduate.
'baggage ['bægɪdʒ] *n sing inv* baggage(s); *I haven't got much baggage, only two bags/cases* je n'ai pas beaucoup de bagages, seulement deux (valises).	**bagage** *n* baggage, luggage; *vous avez combien de bagages? – seulement deux* how much baggage/luggage have you got? – only two bags/cases; *je fais mes bagages* I'm packing (my bags).
bail [beɪl] *n (Jur)* caution; *he was released on bail* il fut libéré sous caution.	**bail** *n (location)* lease; *(fam fig) ça fait un bail que je ne t'ai pas vu* it's ages since I (last) saw you.
'balance *n* équilibre; *I nearly lost my balance* j'ai failli perdre l'équilibre; *(fig) you must strike a balance between law and justice* il faut trouver un point d'équilibre entre la loi et la justice ♦ *vb (s')* équilibrer; *things balance out in the end* les choses s'équilibrent à la fin; *a balanced budget* un budget équilibré.	**balance** *n* (pair of) scales; *(pèse-produit; pèse-personne) la balance annonce 2 kilos* the scales show 2 kilos. **balancer** *vb (se ~)* rock/swing (back and forward); *(fig) balancer le pour et le contre* weigh up the pros and cons; *(fam) je m'en balance!* I couldn't care less!
ball [bɔːl] *n* **1** balle; ballon; *tennis ball* balle de tennis; *rugby/soccer ball* ballon de rugby/football **2** bal.	**balle** *n* **1** *(jeu)* ball **2** *(fusil)* bullet.

26

ENGLISH

ba'lloon *n* **1** *(jouet)* ballon **2** *(aviation)* ballon; *navigable balloon* ballon dirigeable **3** *(bande dessinée)* bulle.

'ballot *n* scrutin, vote; *second ballot* ballottage.

ban *vb* interdire ◆ *n* interdiction; *the government has put a ban on beef imports* le gouvernement a interdit toute importation de bœuf.

band *n* **1** bande, troupe **2** *(Mus)* orchestre (de jazz); clique, fanfare.

bar *n* **1** *(débit de boissons)* bar **2** interdiction; *the colour bar* la discrimination raciale **3** barre **4** barreau; *he was put behind bars* on l'a mis derrière les barreaux **5** *(Jur)* barreau; *he has just been called (GB)/admitted (US) to the bar/Bar* il vient d'être inscrit au barreau **6** *(Mus)* mesure ◆ *vb* exclure; interdire; *he was barred from taking part in the competition* on lui a refusé le droit de participer à la compétition.

bar'barian [bɑːˈbeɪrɪən] *adj & n* barbare.
'barbarism *n* **1** *(VA)* barbarisme **2** *(FA)* (état de) barbarie.
bar'barity [bɑːˈbærɪtɪ] *n* (acte de) barbarie.

'barracks *n (sing & plur)* caserne; *a barracks* une caserne.

FRANÇAIS

ballon *n* **1** balloon *(sens 1 & 2)*; *(fig) lancer un ballon d'essai* put out feelers **2** *(jeu)* ball **3** *(au café) un ballon de rouge* a glass of red wine.

ballot *n* bundle.

ban *n (loc) un ban pour les gagnants!* three cheers for the winners!

bande *n* **1** group; gang **2** *(Méd)* bandage.

bar *n* **1** *(débit de boissons)* bar; *on l'a appelé au bar* he was called to the bar **2** *(poisson)* bass.
barre *n* **1** bar; *ils étaient armés de barres de fer* they were armed with iron bars **2** *(Jur) (GB)* (witness) box, *(US)* stand **3** *(Naut)* helm.
barreau *n* bar *(sens 4 & 5)*.
barrer *vb* **1** bar, block; *route barrée pour travaux* road closed for repairs **2** *(banque) chèque barré* crossed check/cheque **3** *(Naut)* steer.

barbare *adj & n* barbarian.
barbarisme *n (VA) (Lit)* barbarism.
barbarie *n* barbarism, barbarity.

baraque *n* hut, shanty; *(foire)* booth.

ENGLISH

'barrier *n* barrière, obstacle.

base [beɪs] *n* base (matérielle).
'basis ['beɪsɪs] *n* base (immatérielle), fondement; *there is no basis for saying that* rien ne justifie une telle affirmation.

'basin ['beɪsn] *n* **1** (*Géog*) bassin **2** cuvette; *wash-hand basin* lavabo.

bass [bæs] *n* **1** (*poisson*) bar **2** [beɪs] (*chant*) basse ◆ *adj* (*voix*) grave; *his fine bass voice* sa belle voix grave/de basse.

'baton ['bætən] *n* **1** (*Mus*) baguette **2** (*Police*) matraque **3** (*course de relais*) témoin.

'battery *n* **1** (*Elect*) accus, batterie; pile **2** (*Jur*) *assault and battery* coups et blessures.

'benefit *n* **1** bénéfice (non commercial); *a benefit concert* un concert donné au bénéfice d'une œuvre (humanitaire) **2** (*social*) *they live on benefits* ils vivent sur les allocations ◆ *vb* (*non péj*) bénéficier, profiter; *you've benefited from your holiday* les vacances t'ont fait du bien.

be'nevolent *adj* **1** bienveillant **2** bénévole; *benevolent work* travail volontaire; *benevolent society* association de bienfaisance.

FRANÇAIS

barrière *n* **1** barrier, obstacle **2** (*clôture*) fence; (*entrée*) gate.

base *n* **1** base **2** basis; *il a de bonnes bases en mathématiques* he has a good grounding in mathematics.

bassin *n* **1** (*VA*) (*Géog*) basin **2** (*FA*) ornamental pool **3** (*FA*) (*Naut*) dock.

basse *n* **1** (*chant*) bass **2** (*adj*) *elle parlait à voix basse* she was speaking softly/ in a low voice.

bâton *n* stick.

batterie *n* **1** battery **2** *batterie de cuisine* set of pots and pans/ kitchen utensils.

bénéfice *n* (*Com*) profit; (*non commercial*) benefit.
bénéficier *vb* (*Com*) profit; (*non commercial*) benefit.
bienfait *n* benefit; *les bienfaits de la science* the beneficial effects of science.

bienfaiteur *n* benefactor.

bienveillant *adj* benevolent (*sens 1*); kindly.

ENGLISH

be'nign [bɪ'naɪn] *adj* **1** *(VA) (maladie)* bénin, bénigne **2** *(tempérament)* affable ; *(climat)* doux.

biff *vb (fam)* cogner.

'bigot *n* **1** *(Rel)* bigot **2** fanatique.
'bigoted *adj* fanatique, sectaire.

'billet *n (Mil)* **1** billet de logement **2** cantonnement ◆ *vb (Mil)* loger.

'billiards ['bɪljədz] *n plur inv* (jeu de) billard ; *what about a game of billiards?* si on faisait une partie de billard ?

bitch *n* **1** *(animal)* chienne **2** *(femme)* garce.

blank *adj* **1** *(visage)* sans expression **2** *(mur)* vide **3** *(loc) blank form* formulaire à remplir ; *blank cheque* chèque en blanc. ◆ *n* vide ; *I have many blanks in my knowledge* j'ai beaucoup de lacunes ; *(loc) I drew a blank* j'ai fait chou blanc ; *he asked me point-blank* il me l'a demandé à brûle-pourpoint.

bless *vb* bénir.

'blessing *n* bénédiction.

blind [blaɪnd] *adj* aveugle ◆ *n* store ◆ *vb* aveugler.

FRANÇAIS

bénin, bénigne *adj (VA) (maladie)* benign.

biffer *vb* efface, strike out.

bigot *adj & n* bigot *(sens 1)*.

billet *n* **1** *(banque) (GB)* note, *(US)* bill **2** *(Ciné, Th)* ticket.

billard *n* **1** *(jeu)* billiards *(plur inv)* **2** *(table)* billiard table.

biche *n (animal)* doe, hind.

blanc *adj* white ; *il est devenu blanc de rage* he turned white with rage ; *j'aimerais avoir cela noir sur blanc* I'd like to have that in black and white ; *de but en blanc* point-blank, suddenly.

blesser *vb* **1** *(accident)* hurt, injure **2** *(guerre)* wound **3** *(fig)* hurt, wound.

blessure *n* **1** *(accident)* injury **2** *(guerre)* wound.

blindé *adj (Mil)* armoured ◆ *n* armoured vehicle ; *les blindés* the tanks.
blinder *vb (Mil)* armour.

ENGLISH	FRANÇAIS
blouse [blaʊz] *n* chemisier, corsage.	**blouse** *n* overall, smock.
board *n* **1** planche **2** *(navire)* bord **3** pension; *full board* pension complète.	**bord** *n* **1** edge **2** *(Naut) (loc) être/monter à bord d'un bateau* be/go on board a ship.
bomb [bɒm] *n* bombe ♦ *vb (aviation)* bombarder.	**bombe** *n* (*Mil*) bomb; *(fig) faire la bombe* paint the town red.
	bomber *vb (loc) il a bombé le torse* he stuck out his chest.
bom'bard *vb (uniquement fig)* bombarder; *she was bombarded with mail* elle a été inondée de courrier.	**bombarder** *vb* bomb; *la ville fut bombardée* the town was bombed.
bond *n* **1** lien; *bonds of duty* les liens du devoir **2** *(Fin)* obligation, titre.	**bond** *n* jump, leap; *elle fit un bond en arrière* she gave a leap back.
boss *(fam) n* patron ♦ *vb* commander; *he likes to boss people* il aime régenter tout le monde.	**bosse** *n* hump.
	bosser *vb (argot) (métier)* work, slave; *(études)* cram, swot.
bout [baʊt] *n (maladie)* accès; *she had a serious bout of 'flu* elle a eu une mauvaise grippe.	**bout** *n* end; *au bout de la rue* at the bottom/end of the street; *au bout d'un an* after a year.
box *n* **1** *(Jur) the (witness) box* la barre des témoins **2** *telephone box* cabine téléphonique.	**box** *n (Jur) le box (des accusés)* the dock.
	boxe *n (Sp)* boxing.
bra'ssière *n (abrév = bra)* soutien-gorge.	**brassière** *n (bébés) (GB)* (under)vest; *(US)* undershirt.
brave [breɪv] *adj* courageux.	**brave** *adj* **1** brave, courageous **2** nice; *c'est un brave homme* he's a very decent man.
'bravery *n* courage; *he was decorated for bravery* il fut décoré pour son courage.	**bravoure** *n* bravery, courage.

ENGLISH

bribe [braɪb] *n* pot-de-vin ♦ *vb* corrompre.

bride [braɪd] *n (mariage)* la mariée.
'bridegroom *n* le marié.

'brushing ['brʌʃɪŋ] *n* coup de brosse; *the dog needs a good brushing* le chien a besoin d'un bon coup de brosse.

'brutal ['bruːtl] *adj (péj)* brutal, cruel.
bru'tality *n* brutalité, cruauté (avec violence).
'brutally *adv* cruellement, sauvagement.

'buffet ['bʊfeɪ] *n (restauration) (VA)* buffet; *cold buffet* buffet froid.

'building *n* édifice; *a small, low building* une petite maison basse.

'bureau ['bjʊərəʊ] *n* **1** bureau *(officiel ou gouvernemental)* **2** *(meuble) (GB)* secrétaire; *(US)* commode.

'button *n (vêtement & mécanique)* bouton; *to open the door, press the button* pour ouvrir la porte, appuyer sur le bouton.

FRANÇAIS

bribe *n* bit, fragment, scrap.

bride *n (cheval)* bridle.

brushing *n (coiffure)* blow-dry, blow-wave; *elle s'est fait faire un brushing* she had her hair blow-dried.

brutal *adj* **1** rough, violent **2** *(temps)* sudden; *un choc brutal* a hard/sudden blow.

brutalement *adv* **1** roughly; *il a fermé la porte brutalement* he banged the door shut **2** *(temps)* suddenly.

buffet *n* **1** *(restauration) (VA)* buffet **2** *(meuble)* sideboard.

building *n* block of flats; high-rise block; tower; sky-scraper.

bureau *n* **1** *(au travail)* office **2** *(à la maison)* study **3** *(meuble)* desk.

bouton *n* **1** *(vêtement & mécanique)* button **2** *(à tourner)* knob; *pour ouvrir la porte, tourner le bouton* to open the door, turn the knob.

C

ENGLISH	FRANÇAIS
'cabaret ['kæbəreɪ] *n* **1** spectacle de cabaret **2** *(lieu)* cabaret.	**cabaret** *n (lieu)* cabaret.
'cabin *n* **1** *(Naut)* cabine **2** *(avion)* carlingue, poste de pilotage **3** cabane, hutte.	**cabine** *n* **1** *(Naut)* cabin **2** *(téléphone)* box.
'cabinet *n* **1** *(Pol)* cabinet, ministère **2** meuble de rangement; *display cabinet* vitrine; *filing cabinet* classeur; *cabinet-maker* ébéniste.	**cabinet** *n* **1** *(Pol)* cabinet, ministère **2** *(Méd) (GB)* surgery, *(US)* consulting room; *(notaire)* office **3** toilet; *(fam)* loo.
'caddie *n (golf)* caddie.	**caddie** *n (supermarché)* trolley.
'café *n* salon de thé.	**café** *n (GB)* public house; *(abrév)* pub.
'callous *adj* **1** *(peau)* calleux **2** *(caractère)* sans cœur, sans scrupule.	**calleux** *adj (peau)* callous, hard, horny.
'camera *n* appareil-photo; *movie camera* caméra.	**caméra** *n* cine camera, movie camera, TV camera.
'camping *n (activité)* camping; *we go camping* nous faisons du camping.	**camping** *n* **1** *(activité)* camping **2** *(lieu)* camping site.
ca'nal *n (voie fluviale)* canal.	**canal** *n* **1** canal **2** *(TV)* channel.
'candid *adj* franc, sincère.	**candide** *adj* innocent; ingenuous, naïve.

ENGLISH

'candidly *adv* franchement; *(loc) candidly speaking...* pour vous dire très franchement ce que j'en pense...

'candour ['kændə] *n* franchise.

---

cane [keɪn] *n* canne; *sugar cane* canne à sucre.

'canon *n* **1** *(Mus)* canon **2** *(Rel)* chanoine **3** *(Rel)* canon; *canon law* droit canonique.

'canopy *n* auvent; dais.

---

cap *n* **1** casquette **2** *(bouteille)* capsule.

---

cape [keɪp] *n* **1** *(habillement)* cape **2** *(Géog)* cap.

---

car *n* automobile, voiture.

'cargo *n* cargaison; *cargo-boat* cargo.

---

car'nation [kɑ:'neɪʃən] *n* œillet.

---

carp *n* *(poisson)* carpe ◆ *vb (~ at)* trouver à redire (à).

'carpet *n* tapis.

---

car'toon *n* **1** dessin humoristique **2** dessin animé.

---

case [keɪs] *n* **1** cas; *the case in point* le cas qui nous préoccupe; *case history* antécédents (médicaux, sociaux, etc.) **2** *(Jur)* affaire; *there is no case* l'affaire est classée **3** valise.

FRANÇAIS

candidement *adv* innocently, ingenuously.

candeur *n* innocence, ingenuousness, naïveté.

---

cane *n* duck *(femelle et générique)*.

---

canon *n* **1** *(Mus)* canon **2** *(Mil)* cannon **3** *(arme)* barrel.

---

canapé *n* couch, sofa.

---

cap *n* *(Géog)* cape.

---

cape *n* *(habillement)* cape.

---

car *n* *(abréviation de* autocar*)* bus; *(excursions)* coach.

---

cargo *n* cargo-boat, freighter.

---

carnation *n* colouring, complexion.

---

carpe *n* *(poisson)* carp.

---

carpette *n* rug.

---

carton *n* cardboard; cardboard box.

---

case *n* **1** cabin, hut **2** *(rangement)* locker **3** box; *cocher la case appropriée* tick the appropriate box.

33

ENGLISH	FRANÇAIS
cask *n* tonneau.	**casque** *n* **1** *(Mil)* helmet **2** *(moto)* (crash) helmet **3** *(radio)* headphones.
'casket *n* coffret.	**casquette** *n* *(habillement)* cap.
'casserole *n* *(Cuis)* ragoût (en cocotte).	**casserole** *n* (sauce)pan.
'castor *n* *(meuble)* roulette.	**castor** *n* *(Zool)* beaver.
'casual *adj* **1** *(rencontre)* fortuit **2** *(manière)* désinvolte **3** *(Econ) casual work* travail temporaire. **'casualness** *n* **1** fortuité **2** désinvolture. **'casualty** *n* mort; blessé; *road casualties* accidentés de la route.	**casuel** *adj* fortuitous.
catch *n* **1** loquet **2** attrape; *there must be a catch somewhere* il doit y avoir un hic quelque part.	**catch** *n* *(Sp)* (all-in) wrestling.
'catholic *adj* universel; *her tastes are very catholic* elle a des goûts très éclectiques.	**catholique** *adj (Rel)* Catholic; *(loc fam) tout cela n'est pas très catholique* it all looks/sounds a bit fishy to me.
cause *vb (origine)* causer; être la cause de.	**causer** *vb* **1** *(origine)* cause **2** *(bavarder)* chat.
'caution *n* prudence; *Caution! Road works ahead!* Attention! Travaux! ◆ *vb (souvent Jur)* avertir, mettre en garde.	**caution** *n* guarantee; security; *(Pol) il a reçu la caution du chef de l'Etat* he received the support of the head of the State; *(Jur) il fut libéré sous caution* he was released on bail.
'cautious *adj* prudent, précautionneux.	**cautionner** *vb* guarantee; support.
cave [keɪv] *n* caverne, grotte.	**cave** *n* cellar.

ENGLISH

'**censor** n *(médias)* censeur ♦ vb *(médias)* censurer.
'**censorship** n *(médias)* censure.
'**censure** ['sɛnʃə] n *(Admin)* blâme ♦ vb réprimander; infliger un blâme (à qn).

---

chain [tʃeɪn] n chaîne (en métal).

---

chair [tʃɛə] n **1** chaise **2** *(université)* chaire; *she was appointed to the English Language Chair* elle fut nommée à la chaire d'anglais.

'**chamber** n **1** *(Admin)* chambre; *Chamber of Commerce* chambre de commerce; *(Pol) the Upper/Lower Chamber* la Chambre haute/basse **2** *(Mus) chamber orchestra* orchestre de chambre.

---

chance [tʃɑːns] n **1** hasard; *games of chance* jeux de hasard **2** risque; *you are taking a chance* tu cours un risque **3** occasion; *I had a chance of getting promoted* j'avais l'occasion d'être promu; *he has/stands a good chance of winning the elections* il a de fortes chances de gagner les élections.

'**chancy** adj hasardeux, risqué.

---

chande'lier [ʃændə'lɪə] n lustre.

FRANÇAIS

censure n censorship; *censure de la presse* censorship of the press.
censurer vb censor; *l'article fut censuré* the article was censored.

---

chaîne n *(TV)* channel.

---

chair n flesh.
chaire n **1** *(université)* chair **2** *(église)* pulpit.

---

chambre n **1** chamber *(sens 1 & 2)*; *(GB) Chambre des communes/lords* House of Commons/Lords **2** bedroom.

---

chance n **1** chance; *il y a peu de chances pour que cela change* there's little chance of it changing; the chances of it changing are pretty slim **2** luck *(sing inv)*; *j'ai eu de la chance* I was lucky; *quelle chance!* what (a piece of) luck!

---

chanceux adj lucky.

---

chandelier n candlestick.

35

ENGLISH

change [tʃeindʒ] *n* **1** changement; *let's go out for a change* si on sortait pour se changer les idées? **2** monnaie; *have you got any change?* as-tu de la monnaie? ◆ *vb* échanger; *I wouldn't change my house for his* je ne voudrais pas échanger ma maison contre la sienne.

chant *n* (*Rel*) psalmodie ◆ *vb* **1** psalmodier **2** (*manifestation*) scander (des slogans).

char *n* (*abrév fam de* **charwoman**) femme de ménage.

'character ['kærɪktə] *n* **1** caractère **2** (*Ciné, Th*) personnage.

charge *n* **1** prix à payer; *free of charge* gratuit **2** (*Jur*) inculpation **3** (*loc*) *he has been put in charge of the new factory* on lui a confié la responsabilité de la nouvelle usine ◆ *vb* **1** faire payer; *how much did he charge you for that?* combien te l'a-t-il fait payer? **2** (*Jur*) accuser, mettre en examen; *he is charged with misuse of public funds* il est mis en examen pour abus de biens sociaux.

'chariot *n* char (*dans l'Antiquité*).

'charity *n* **1** charité; aumône **2** œuvre de bienfaisance.

chart *n* **1** (*Naut*) carte marine **2** courbe, diagramme.

FRANÇAIS

change *n* (*Bourse*) exchange; *le taux de change* the rate of exchange.

changer *vb* **1** change, modify **2** (*Fin*) exchange; *je voudrais changer des francs contre des dollars* I would like to exchange francs for dollars.

chant *n* song.

chanter *vb* sing (*sang, sung*).

char *n* **1** (*Antiquité*) chariot **2** (*Mil*) tank.

caractère *n* **1** character, temperament **2** temper; *elle a bon/mauvais caractère* she is good-/bad-tempered.

charge *n* responsibility; *c'est une lourde charge* it's a heavy responsibility; *enfants/parents à charge* dependants; *il faut que ces enfants soient pris en charge* someone has got to take care of those children.

charger *vb* **1** (*arme, camion...*) load **2** make responsible; *j'ai été chargé de m'occuper de ces enfants* I was put in charge of looking after those children.

chariot *n* (*Agr*) wag(g)on.

charité *n* charity (*sens 1*).

charte *n* (*Jur*) charter.

ENGLISH

'charter *n* **1** affrètement; *charter (flight)* charter **2** *(Jur)* charte ◆ *vb* **1** affréter **2** accorder une charte à; *chartered accountant* expert-comptable.

chase *n* chasse; poursuite ◆ *vb* poursuivre, courir après.

chat *n* (brin de) causette; *we had a long chat* on a bavardé longtemps.

check *n* **1** vérification **2** coup d'arrêt **3** *(US)* chèque bancaire *(GB* = cheque) ◆ *vb* **1** vérifier **2** arrêter, enrayer.

'chemist ['kemɪst] *n* **1** chimiste **2** pharmacien; *chemist's shop* pharmacie.

'chimney ['tʃɪmnɪ] *n* (conduit de) cheminée.

chip *n* *(GB)* frite *(US* = French fries).

chock *n* cale ◆ *vb* mettre sur cales.

chord [kɔ:d] *n* *(Mus)* accord; *(piano) strike a chord* plaquer un accord.

'Christendom *n* chrétienté.
Christi'anity *n* christianisme.

FRANÇAIS

charter *n* charter (flight).

chasse *n* *(gros gibier)* hunting; *(petit gibier)* shooting.
chasser *vb* *(gros gibier)* hunt; *(petit gibier)* shoot *(shot, shot)*.

chat *n* *(Zool)* cat.

échec *n* failure; setback.
échouer *vb* fail, suffer a setback.

chimiste *n* chemist; *laboratoire de chimiste* chemistry laboratory.

chimie *n* chemistry.

cheminée *n* **1** *(conduit)* chimney **2** *(foyer)* fireplace **3** *(dessus)* mantelpiece.

chip *n* *(GB)* (potato) crisp, *(US)* chip.

choc *n* *(physique)* bump, knock; *(Psych)* shock; *(verres)* clink.
choquer *vb* *(physique)* knock; *(Psych)* shock; *(verres)* clink.

corde *n* cord, string; rope; *(cirque) la corde raide* the tightrope.

chrétienté *n* Christendom.
christianisme *n* Christianity.

ENGLISH	FRANÇAIS
chute [ʃuːt] *n* **1** vide-ordures **2** *(jeu pour enfants)* toboggan.	**chute** *n* fall; *(Géog)* chute d'eau waterfall.
circu'lation *n* **1** *(sang)* circulation **2** *(journal)* tirage.	**circulation** *n* **1** *(véhicules)* traffic **2** *(sang)* circulation.
'city *n* **1** cité (antique) **2** grande ville.	**cité** *n* **1** *(Antiquité)* city **2** *cité universitaire* students' hostel **3** *cité ouvrière* housing estate.
claim *vb* réclamer (comme un droit) ♦ *n* réclamation.	**clamer** *vb* proclaim; *il n'a cessé de clamer son innocence* he never stopped protesting he was innocent.
'claret *n* *(vin)* bordeaux rouge.	**clairet** *adj* vin clairet light red wine.
'clerical *adj* **1** clérical, du clergé **2** de commis; *he hates clerical work* il déteste le travail de bureau.	
clerk [klɑːk] *n* *(GB)* employé(e) de bureau; *(US)* [klɛːk] *(Com)* vendeur/vendeuse dans un magasin.	**clerc** *n* cleric; *(loc) je ne suis pas grand clerc en la matière* I don't know much about that; *pas besoin d'être grand clerc pour comprendre cela* you don't need to be a genius to understand that.
club [klʌb] *n* **1** club, cercle **2** matraque ♦ *vb* **1** (together) se cotiser **2** matraquer.	**club** *n* club; *club de rugby* rugby club.
coach *n* **1** autocar **2** *(Sp)* entraîneur ♦ *vb* entraîner.	**coche** *n* (stage)coach; *(fig) tu as raté le coche!* you've missed the boat!
'cocktail *n (boisson)* cocktail.	**cocktail** *n* **1** *(boisson)* cocktail **2** *(réunion)* cocktail party.
coin [kɔɪn] *n* pièce de monnaie ♦ *vb* **1** frapper (de la monnaie) **2** inventer; *coin a phrase* forger une expression.	**coin** *n* corner. **coincer** *vb* corner; *nous l'avons bien coincé avec notre dernière question* we caught him out with our last question.

ENGLISH

co'llect [kə'lekt] *vb* **1** (se) rassembler; *they all collected at the airport* tout le monde s'est rassemblé à l'aéroport **2** passer prendre; *I'll collect you at five* je passerai te prendre à cinq heures **3** collectionner **4** encaisser; *collect taxes* faire rentrer les impôts **5** *(loc) try to collect yourself!/collect your wits!* essaie de te ressaisir!

'**collier** *n (charbon)* mineur.

'**colliery** *n* mine, puits; *the collieries* les charbonnages.

'**colon** *n* **1** *(Anat)* côlon **2** *(ponctuation)* deux points.

co'median [kə'mi:dıən] *n (Th)* comique.

'**comfort** ['kʌmfət] *n* **1** confort, bien-être **2** réconfort ◆ *vb* réconforter, consoler.

'**comfortable** *adj* **1** douillet, doux; *a comfortable couch* un divan confortable **2** à l'aise; *make yourself comfortable!* installez-vous! faites comme chez vous!

co'mmand [kə'mɑ:nd] *n (Mil ou péremptoire)* ordre; *under the command of General X* sous le commandement du général X ◆ *vb* commander, ordonner.

FRANÇAIS

collecte *n* collection.
collection *n* collection.
collectionner *vb* collect.
collectionneur *n* collector.

collier *n* **1** *(chien)* collar **2** *(bijou)* necklace.

colon *n* colonist, settler.

comédien(ne) *n* actor/actress.

confort *n* **1** comfort **2** amenity; *(industrie hôtelière) tout confort moderne* all modern conveniences.
conforter *vb* confirm; *ceci m'a conforté dans mon idée* this confirmed me in my idea.

confortable *adj* comfortable, cosy.

commande *n* **1** order; *passer une commande* put in an order **2** *(machine) il est aux commandes* he's at the controls/in charge.
commander *vb (restaurant, etc.)* order.

39

ENGLISH

co'mmandment [kəˈmɑːndmənt] *n* *(Rel)* commandement.

co'mmission *n* **1** *(Mil)* brevet d'officier; *non-commissioned officer* sous-officier **2** *(Pol)* commission (d'enquête).

co'mmit *vb* **1** commettre **2** engager; *he refused to commit himself* il refusa de s'engager.

non-co'mmittal *adj* qui n'engage à rien; *his answer was very non-committal* il n'a dit ni oui ni non, ce fut une réponse de Normand.

co'mmittee *n* **1** comité **2** commission (parlementaire).

co'mmode *n* chaise percée.

co'mmodious *adj* spacieux.

co'mmodity *n* *(Com)* denrée, produit.

co'mmunicate [kəˈmjuːnɪkeɪt] *vb* **1** communiquer **2** *(Rel)* communier.

co'mmute [kəˈmjuːt] *vb* faire la navette régulièrement entre son domicile et le lieu de travail.

co'mmuter *n* banlieusard (qui fait la navette etc.).

com'pact [kəmˈpækt] *adj* *(style)* concis; *(appartement)* fonctionnel ◆ [ˈkɒmpækt] *n* **1** poudrier **2** *(US)* petite voiture.

FRANÇAIS

commandement *n* **1** *(Rel)* commandment **2** *(Mil)* command, order.

commission *n* **1** commission (of inquiry) **2** *(Pol & Com)* committee, board **3** errand; *faire les commissions* run errands; go shopping.

commettre *vb* **1** commit; *il a commis un crime* he committed a crime **2** *(lit)* compromise; *il refusait de se commettre avec de tels individus* he refused to compromise his reputation with such individuals.

comité *n* committee *(sens 1)*.

commode *n* chest of drawers ◆ *adj* handy, useful.

commodité *n* convenience, handiness.

communiquer *vb* **1** communiquer, transmettre **2** *(Ens)* copy.

commuter *vb* *(Elect)* switch over.

commutateur *n* *(Elect)* switch.

compact *adj* dense.

ENGLISH

com'panion *n* **1** compagnon, compagne **2** dame de compagnie **3** *(livre)* guide, manuel.

'compass ['kʌmpəs] *n* boussole ♦ *plur inv (pair of) compasses* compas.

com'petitive *adj* compétitif, concurrentiel; *competitive examination* concours.

com'placency *n* suffisance.
com'placent *adj* suffisant.

com'plaint [kəm'pleɪnt] *n* **1** plainte, grief; *(Jur) lodge a complaint* porter plainte **2** *(Méd)* mal, maladie.

com'plete [kəm'pliːt] *adj* complet, entier.

com'poser [kəm'pəʊzə] *n (musique)* compositeur.

compo'sition [kɒmpə'zɪʃən] *n (lettre, musique...)* composition.

com'positor [kəm'pɒzɪtə] *n (imprimerie)* compositeur, typographe.

compre'hensive *adj* **1** complet; *a comprehensive insurance policy* une police d'assurance tous risques; *a comprehensive study* une étude d'ensemble **2** *a comprehensive school* un collège d'enseignement général/lycée polyvalent.

FRANÇAIS

compagnon, compagne *n* companion; *(concubinage)* boyfriend, girlfriend, partner.

compas *n* (pair of) compasses.

compétitif *adj (Econ)* competitive.

complaisance *n* understanding.
complaisant *adj* understanding.

complainte *n* lament, lamentation.

complet *adj* **1** *(hôtel)* full **2** *pain complet* wholemeal bread.

composer *vb* **1** *(lettre, musique...)* compose **2** *(téléphone) composer un numéro* dial a number **3** *(scolaire)* sit an exam(ination)/test.

composition *n* **1** *(lettre, musique...)* composition **2** *(scolaire)* exam(ination), test.

compositeur *n* **1** *(édition)* compositor **2** *(musique)* composer.

compréhensif *adj* comprehending, sympathetic, understanding.
compréhension *n* comprehension, sympathy, understanding.

ENGLISH

con *n (abrév de* confidence trick) escroquerie ◆ *vb* escroquer.

con'cern *n* **1** inquiétude **2** entreprise commerciale ◆ *vb* concerner.
con'cerned *adj* **1** inquiet **2** concerné.

'concrete *adj* concret ◆ *n* béton.

con'currence *n* identité de points de vue.
con'current *adj* simultané.

con'demn *vb* condamner *(moralement).*

condem'nation *n* condamnation *(morale).*

con'duct *vb (orchestre)* conduire, diriger.
'conduct *n* conduite, comportement.

con'ductor *n* **1** *(orchestre)* chef d'orchestre **2** *(transports publics) (GB)* receveur; *(US)* chef de train **3** *(Tech)* lightning *conductor* paratonnerre.

con'fectioner *n* confiseur.
con'fectionery *n* confiserie.

FRANÇAIS

con *adj (vulgaire)* cretinous, moronic ◆ *n* stupid bastard/bugger.

concerner *vb* concern *(sens 2).*

concret *adj* concrete; real.

concurrence *n* competition.

concurrent *n* competitor.

condamner *vb* **1** *(moralement)* condemn **2** *(Jur)* sentence; *il fut condamné à la prison ferme* he was sentenced to prison without remission **3** *(porte, fenêtre...)* block up.

condamnation *n* **1** *(morale)* condemnation **2** *(Jur)* sentence; *condamnation à la réclusion à vie* life sentence.

conduire *vb* **1** *(orchestre)* conduct **2** *(véhicule)* drive.

conduite *n* **1** conduct **2** *(véhicule)* driving; *conduite en état d'ivresse* driving while drunk/under the influence of drink.

conducteur *n* **1** *(orchestre)* conductor **2** *(véhicule)* driver.

confection *n (vêtements)* ready-made clothes; *il est dans la confection* he has an outfitter's business.

ENGLISH

'conference *n* **1** *(presse)* conférence **2** *(réunion de spécialistes)* round table conference conférence, congrès.

'confidence *n* **1** confidence; *this is in strict confidence* ceci doit rester entre nous **2** confiance, assurance; *I have no confidence in him* je ne lui fais pas confiance; *it's a confidence trick* c'est une escroquerie.

'confident *adj* assuré, confiant.

con'found *vb (ennemi)* confondre, déconcerter.

con'fuse [kənˈfjuːz] *vb (idées)* confondre, embrouiller.

con'gestion *n* **1** *(Méd)* congestion **2** *(circulation)* foule; embouteillage.

'conjure [ˈkʌndʒə] *vb* **1** faire des tours de prestidigitation; *conjuring trick* tour de magie **2** *(fig)* he conjured up visions of a "brave new world" il a évoqué la perspective de « lendemains qui chantent ».

'conjurer *n* prestidigitateur, magicien.

'conscience *n* conscience (morale); *I've got something on my conscience* j'ai quelque chose sur la conscience.

con'scientious *adj* consciencieux, méticuleux.

con'scientiousness *n* conscience (professionnelle).

FRANÇAIS

conférence *n* **1** conference; *conférence de presse* press conference **2** *(université)* lecture.

confidence *n* confidence; *je te le dis en stricte confidence* this is strictly confidential/between ourselves; *il m'a fait des confidences* he confided in me.

confident *n* confident; bosom friend.

confondre *vb* **1** *(idées)* confuse **2** *(ennemi)* confound; disconcert.

confus *adj* **1** confused **2** embarrassed; *je suis confus* I'm so sorry.

congestion *n* *(Méd)* congestion.

conjurer *vb* **1** conspire, plot **2** avert; *il essaie de conjurer le mauvais sort* he's trying to ward off bad luck.

conjuration *n* conspiracy.

conjuré *n* conspirator.

conscience *n* **1** *(morale)* conscience; *je n'ai pas la conscience tranquille* my conscience is not clear **2** *(professionnelle)* conscientiousness, professional pride, work ethic **3** *(en éveil)* awareness, consciousness; *elle a perdu conscience* she lost consciousness.

ENGLISH

'conscious *adj* conscient; *the injured man was still (un)conscious* le blessé était toujours (in)conscient.

'consciousness *n (en éveil)* conscience; *he lost consciousness* il a perdu connaissance.

conser'vation *n* **1** préservation **2** protection de l'environnement.
conser'vationist *n* écologiste.

con'sider *vb* **1** *(VA)* considérer **2** envisager; *I'm considering going abroad this year* j'envisage d'aller à l'étranger cette année.

con'sistent *adj* **1** logique; *he's not always consistent* il n'a pas beaucoup de suite dans les idées **2** compatible; *your practice is not consistent with your promises* vous ne mettez pas en pratique vos promesses électorales.

con'sume [kən'sju:m] *vb* consommer.

con'sumer [kən'sju:mə] *n* consommateur; *the consumer society* la société de consommation.

con'sumption [kən'sʌmpʃən] *n* **1** *(Econ)* consommation **2** *(Méd)* tuberculose.

'contemplate *vb* **1** contempler **2** envisager; *I don't contemplate going abroad this year* je n'envisage pas un voyage à l'étranger cette année.

FRANÇAIS

conscient *adj* conscious.

conservation *n* **1** *(aliment)* preserving **2** preservation; *l'instinct de conservation* the instinct of self-preservation.

considérer *vb* consider *(sens 1)*; regard; *je considère cela comme un honneur* I consider/regard it (as) an honour.

consistant *adj* **1** firm **2** *(repas)* substantial.

consumer *vb* burn out.
consommer *vb (Econ)* consume.
consommateur *n* consumer.

consommation *n* **1** *(Econ)* consumption **2** *(au café) il a insisté pour payer les consommations* he insisted on paying for the drinks.

contempler *vb* contemplate *(sens 1)*; gaze (at).

ENGLISH

con'tent *adj* content, satisfait; *I'm content with my lot* je suis satisfait de mon sort.

'contest *n* **1** dispute, lutte **2** concours; *beauty contest* concours de beauté.
con'test *vb* **1** *(désaccord)* contester **2** *(lutte)* disputer; *(élection) he will contest this seat* il sera candidat dans cette circonscription.

con'trol *vb* **1** diriger **2** maîtriser; *inflation is difficult to control* il est difficile de maîtriser l'inflation; *she had difficulty controlling her tears* elle a eu du mal à retenir ses larmes.

con'vene *vb (réunion)* convoquer.

con'venience *n* commodité; *(hôtel) all modern conveniences, (abrév) all mod cons* tout confort moderne.
con'venient *adj* commode.
incon'venient *adj* incommode.

con'viction *n* **1** conviction **2** *(Jur)* condamnation.

'copy *n* **1** copie **2** *(journal, livre, document)* exemplaire.

corpse *n* cadavre.

cos'metic *adj cosmetic surgery* chirurgie esthétique.

couch [kaʊtʃ] *n* canapé, divan.

FRANÇAIS

content *adj* **1** content, satisfied **2** happy.

contestation *n (Pol)* protest.

contester *vb (discussion)* contest, question; *(Pol)* protest.
contestataire *n (Pol)* protester.

contrôler *vb* **1** control, direct **2** verify; *un commissaire aux comptes doit contrôler toutes les dépenses* an auditor must check all expenditure.

convenir *vb* **1** agree; *j'en conviens* I agree **2** suit; *si la date vous convient* if the date suits you/is suitable for you.

convenance *n* convenience; *à votre convenance* whatever suits you; *pour des raisons de convenance personnelle* for personal reasons.

inconvénient *n* inconvenience, drawback.

conviction *n* conviction *(sens 1)*.

copie *n* copy *(sens 1)*.

corps *n* body.

cosmétique *n* cosmetic; beauty (care) product.

couche *n (bébés)* nappy.

45

ENGLISH

'**council** [ˈkaʊnsl] *n (Admin)* conseil.

'**councillor** [ˈkaʊnsɪlə] *n (Admin)* conseiller; *town councillor* membre du conseil municipal.

'**counsel** [ˈkaʊnsl] *n* **1** *(lit)* conseil **2** *(lors d'un procès)* avocat; *counsel for the defence* avocat pour la défense ♦ *vb (lit)* conseiller. *Voir aussi ADVICE.*

'**countenance** [ˈkaʊntɪnəns] *n (lit)* visage; *(fig) he tried not to lose countenance* il a essayé de garder son sang-froid ♦ *vb* autoriser.

'**counter** *n* comptoir; guichet.

couple [kʌpl] *n* **1** couple **2** *(approximativement)* deux ou trois; *we had a couple of drinks together* nous avons bu un verre ou deux ensemble.

'**courier** *n (voyages organisés)* guide.

course [kɔːs] *n* **1** *(Sp)* terrain; *golf course* terrain de golf; *race-course* champ de courses **2** *(Cuis)* plat; *we had chicken for the main course* nous avons eu du poulet comme plat principal **3** *(fig)* voie; *they chose the wrong course of action* ils ont choisi la mauvaise ligne de conduite **4** (série de) cours; *he's on a course* il suit un cours; il fait un stage.

FRANÇAIS

conseil *n* **1** council; *conseil municipal* town council **2** *(Mil) conseil de guerre* court-martial **3** advice *(sing inv)*. *Voir ADVICE.*

conseiller *n (municipal...)* **1** councillor **2** adviser ♦ *vb* advise, *(lit)* counsel. *Voir aussi ADVICE.*

contenance *n* **1** *(volume)* capacity **2** *il a tenté de faire bonne contenance* he attempted to put a good face on it.

compteur *n (Elect)* meter.

couple *n* couple, pair; *ils forment un très bon couple* they make a very fine couple.

courrier *n* mail, post.

course *n* **1** race; *il faut tout faire au pas de course* everything has to be done in a rush; *(fig) il n'est plus dans la course* he's not in the running any more **2** errand; *j'ai des courses à faire* I've got some errands/shopping to do.

cours *n (Ens)* **1** *(série)* course *(sens 4)* **2** *(heure)* class; *combien de cours as-tu ce matin?* how many classes have you got this morning?

ENGLISH

court [kɔːt] *n* **1** *(Jur)* cour, tribunal; salle d'audiences; *he was taken to court* il fut poursuivi en justice **2** cour (royale). ◆ *vb* courtiser.

'courtesy [ˈkɜːtsɪ] *n* courtoisie; *(loc publicitaire) by courtesy of XYZ* avec la permission de XYZ.

'courtier [ˈkɔːtɪə] *n* courtisan.

---

crane [kreɪn] *n* **1** *(bâtiment)* grue **2** *(Zool)* grue (échassier).

'crayon [ˈkreɪən] *n* fusain, pastel.

---

crime [kraɪm] *n (Jur)* crime; délit; infraction.

'criminal [ˈkrɪmɪnl] *adj* criminel; *criminal record* casier judiciaire.

'critic *n (personne)* critique; *she's a film critic* elle est critique de cinéma.
'critical *adj* critique; *don't be so critical!* ne sois pas si critique!
'criticism *n (acte)* critique; *you're always making criticisms* tu ne cesses de faire des critiques.
'criticize *vb* critiquer.

---

crude *adj* **1** grossier, vulgaire **2** *(pétrole)* brut.

'crudity *n* grossièreté, vulgarité.

FRANÇAIS

cour *n* **1** *(Jur)* court (of justice) **2** *(royale)* (royal) court **3** *(immeuble)* courtyard **4** farmyard.

courtoisie *n* courtesy.

courtier *n (Bourse)* broker.

---

crâne *n* cranium, skull.

---

crayon *n* pencil.

---

crime *n* major crime, felony.

criminel *n & adj (Jur & moral)* criminal.

---

critique *n* **1** *(personne)* critic; *le travail d'un critique est de critiquer* a critic's job is to criticize **2** *(acte)* criticism; *j'ai une critique à faire* I have a criticism to make ◆ *adj* critical; *la situation est critique* the situation is critical.
critiquer *vb* criticize.

---

cru *adj* **1** uncooked, raw **2** *(vin)* vintage.

crudités *n plur inv (Cuis)* raw vegetable salad.

ENGLISH

cry [kraɪ] *vb* **1** crier; *he cried out with pain* il poussa un cri de douleur **2** pleurer; *she cried her eyes out* elle pleura toutes les larmes de son corps ◆ *n* **1** cri; *she gave a (loud) cry* elle poussa un (grand) cri **2** crise de larmes; *have a (little/good) cry and you'll feel better* pleure un peu et tu te sentiras mieux.

'curate ['kjʊərɪt] *n* vicaire (dans l'Eglise anglicane).

cure [kjʊə] *vb* **1** guérir **2** *(viande)* fumer; saler ◆ *n* guérison.

'current ['kʌrənt] *adj* actuel; *current events* l'actualité.
'currently *adv* actuellement.

'custom *n* **1** coutume **2** *(Com)* clientèle.
'customs *n plur inv* la douane; *customs barrier* barrière douanière.

'cynic ['sɪnɪk] *n* cynique; *he's a cynic* c'est un cynique.
'cynical ['sɪnɪkl] *adj* **1** désabusé; sceptique **2** cynique.
'cynicism ['sɪnɪsɪzəm] *n* **1** scepticisme **2** cynisme.

FRANÇAIS

cri *n* shout; *elle a poussé un cri de joie* she gave a shout of joy.
crier *vb* shout; *ils criaient à tue-tête* they were shouting their heads off.

curé *n* parish priest (de l'Eglise catholique). *Voir aussi* VICAR.

curer *vb* clean; *se curer les dents/ongles* pick one's teeth/nails.
cure *n* treatment in a spa/thermal resort.

courant *n* **1** current **2** fréquent, commonplace.
couramment *adv* **1** *(fréquence)* commonly, frequently **2** *(langue)* fluently.

coutume *n* custom; *(loc) comme c'était la coutume* as was the custom.

cynique *n* cynic; *c'est un grand cynique* he's a great cynic.
cynique *adj* cynical; *il est cynique au possible* he's most cynical.
cynisme *n* cynicism; *c'est du cynisme pur!* it's sheer cynicism!

D

ENGLISH	FRANÇAIS
data *n plur inv* données.	**date** *n (calendrier)* date; *il va falloir prendre date* we must decide on/fix a date; *c'est une amitié de longue date* it's a long-standing friendship; *date limite* deadline; *cette élection fera date* this election will make history.
date *n* **1** datte **2** date; *up to date* à jour; à la mode **3** rendez-vous; *make a date with sb* donner rendez-vous à qn ♦ *vb* **1** (faire) paraître démodé; *that's dated* cela fait démodé; *some things date quickly* certaines choses passent de mode très vite **2** *(fam)* donner rendez-vous à.	**datte** *n (fruit)* date.
'decade ['dekeɪd] *n* décennie.	**décade** *n* **1** decade **2** ten-day period.
de'ceive [dɪ'siːv] *vb* duper, tromper.	**décevoir** *vb* disappoint.
de'ception *n* duperie, supercherie, tromperie.	**déception** *n* disappointment.
de'ceptive *adj* fallacieux; trompeur.	**décevant** *adj* disappointing.
'decent ['diːsənt] *adj* **1** *(moral)* décent, convenable, gentil **2** *(fam)* acceptable, honnête; *we had quite a decent meal* nous avons assez bien mangé.	**décent** *adj* decent, modest; honorable.
	décence *n* decency, modesty; (sense of) honour.

49

ENGLISH	FRANÇAIS
de'fence *n* défense *(sens 1)*; *counsel for the defence* avocat pour la défense.	**défense** *n* **1** defence; *défense des droits de l'homme* defence of human rights **2** *(interdiction) défense de stationner* no parking.
de'fiance [dɪ'faɪəns] *n* défi, provocation.	**défiance** *n* distrust, mistrust.
de'fiant [dɪ'faɪənt] *adj* provocant.	**défiant** *adj* distrustful, suspicious.
de'fy [dɪ'faɪ] *vb* braver, défier.	**défier** *vb* **1** defy; challenge **2** *(se ~) (lit)* distrust, mistrust.
de'ficiency *n* **1** insuffisance, manque **2** *(Méd)* déficience; carence.	**déficience** *n (Méd)* deficiency.
de'ficient *adj* **1** insuffisant **2** *(Méd)* déficient.	**déficient** *adj (Méd)* deficient.
de'file [dɪ'faɪl] *vb* souiller.	**défiler** *vb (Mil)* march past.
de'gree [dɪ'griː] *n* **1** degré **2** *(université)* diplôme; *he took a degree in Arts* il a fait une licence de lettres.	**degré** *n* **1** *(mesure)* degree; *15 degrés centigrades* 15 degrees centigrade **2** *(Ens) enseignement du second degré* secondary education.
de'lay *n* retard; *there is one hour's delay* il y a une heure de retard ◆ *vb* différer, retarder; *our flight was delayed by one hour* notre vol a été retardé d'une heure.	**délai** *n* **1** (waiting) time; *délai de livraison* delivery time; *dans les plus brefs délais* as soon as possible **2** *(limite)* time limit; *il y a un délai à respecter* we have a deadline to respect.
de'liver [dɪ'lɪvə] *vb* **1** *(Rel)* délivrer **2** *(Com)* livrer; *this parcel was delivered this morning* ce paquet a été livré ce matin **3** *(courrier)* distribuer.	**délivrer** *vb* **1** *(Rel)* deliver **2** free, liberate, release **3** *(Admin)* issue; *on lui a délivré un passeport* he was issued with a passport.
de'livery *n* **1** livraison **2** *(courrier)* distribution **3** *(Méd)* accouchement.	**délivrance** *n* **1** *(Rel)* deliverance **2** *(soulagement)* relief **3** *(Admin)* issue.

ENGLISH

de'mand *vb* **1** exiger, réclamer **2** exiger, nécessiter; *the situation demands a great deal of tact* la situation exige beaucoup de tact ◆ *n* **1** exigence; revendication **2** *(Econ)* demande; *the law of supply and demand* la loi de l'offre et de la demande.

'demo ['deməʊ] *n (fam) (Pol)* manif.

'demonstrate *vb* **1** démontrer, prouver **2** *(Pol)* manifester.

'demonstration *n* **1** démonstration, preuve **2** *(Pol)* manifestation.

'demonstrator *n* **1** *(Com)* démonstrateur **2** *(Pol)* manifestant.

denomi'nation *n* **1** appellation; dénomination **2** *(Rel)* confession.

denomi'national *adj (Ens)* confessionnel; *a non-denominational school* une école laïque.

dent *n* bosse ◆ *vb* cabosser.

de'pend *vb* **1** dépendre; *it all depends on what you want to do* tout dépend de ce que tu veux faire **2** avoir confiance; *you can depend on him* tu peux compter sur lui.

de'ride [dɪˈraɪd] *vb* se moquer, tourner en dérision.

'desert *n* désert.

de'serts *n plur inv* châtiment (mérité).

FRANÇAIS

demander *vb* ask; *les enfants ne demandent pas toujours poliment* children do not always ask politely; *j'ai demandé un entretien* I asked for an interview.

demande *n* **1** request **2** *(Econ)* demand.

démontrer *vb* demonstrate *(sens 1)*; montrer.

démonstration *n* demonstration *(sens 1)*.

démonstrateur *n (Com)* demonstrator *(sens 1)*.

dénomination *n* name.

dent *n* **1** *(Anat)* tooth **2** *(fourchette)* prong.

dépendre *vb (de)* depend *(on)*.

dépendance *n* **1** *(drogue)* dependence **2** *(plur)* outhouses.

dérider *vb* cheer up.

désert *n (Géog)* desert.

ENGLISH

de'serve *vb* mériter.

desti'tution [destɪ'tjuːʃən] *n* dénuement, misère abjecte.

de'tain *vb* retenir, retarder; *I was detained at the office* j'ai été retenu au bureau.

de'ter *vb* décourager, dissuader; empêcher.

de'terrent *n (Mil)* arme/force de dissuasion.

de'velop *vb* **1** développer **2** *(terrain)* aménager.

de'veloper *n* promoteur (immobilier).

de'velopment *n (terrain)* aménagement.

de'vice [dɪ'vaɪs] *n* appareil, dispositif, mécanisme.

de'votion *n* **1** *(Rel)* dévotion, piété **2** dévouement : *he showed great devotion to duty* il a fait preuve d'une grande conscience professionnelle.

'diet ['daɪət] *n* **1** alimentation; *a healthy diet* une alimentation saine **2** régime alimentaire; *she's on a slimming diet* elle suit un régime amaigrissant ◆ *vb* suivre un régime alimentaire.

'difference *n* **1** différence **2** différend; *let's try to settle our difference* essayons de régler notre différend.

FRANÇAIS

desservir *vb* clear the table.

destitution *n* dismissal.

détenir *vb* hold; *il détient des documents essentiels* he has some essential papers in his possession.

déterrer *vb* **1** *(exhumer)* dig up **2** *(fig)* dig out; *où as-tu déterré ce document?* where did you unearth that document?

développer *vb* develop *(sens 1)*; expand; extend.

développement *n* development; expansion; extension.

devis *n (Com)* estimate, tender.

deviser *vb* chat (away).

dévotion *n (Rel)* devotion.

diète *n* low calorie diet.

différence *n* difference *(sens 1 seulement)*; *cela ne fait pas de différence* it makes no difference.

ENGLISH

'diner ['daɪnə] *n (US)* **1** Restoroute **2** *(US)* voiture-restaurant.

di'rection *n* **1** direction; *go in opposite directions* aller en sens opposés **2** *(NB plur inv)* instructions; *read the directions carefully* lire le mode d'emploi attentivement.

di'rector *n* **1** *(Com)* directeur; administrateur; *board of directors* conseil d'administration **2** *(Ciné)* metteur en scène, réalisateur.

di'rectory *n* annuaire téléphonique.

disa'greement *n* désaccord.

dis'charge *vb* **1** *(devoirs)* remplir **2** *(employé)* congédier, renvoyer ◆ *n* renvoi.

dis'grace *n* **1** *(VA)* disgrâce **2** honte; *it's a disgrace!* c'est un scandale! ◆ *vb* faire honte à.

dis'graceful *adj* honteux, scandaleux.

dis'posable *adj* jetable.
dis'posal *n* **1** disposition, service; *I'm at your disposal* je suis à votre disposition **2** destruction; liquidation; *waste disposal unit* broyeur d'ordures.

FRANÇAIS

dîner *n* dinner ◆ *vb* dine, have dinner.

direction *n* **1** direction *(sens 1)*; *l'avion est parti en direction du sud* the plane flew off in a southerly direction; *le train en direction de Londres* the train to London **2** *(Admin & Com)* control, management; *il vient de prendre la direction de l'entreprise* he has just taken over the management of the business; *on vient de lui confier la direction de l'enquête* he has been put in charge of the inquiry.

désagrément *n* unpleasantness.

décharge *n* **1** garbage dump **2** *(loc)* à *sa décharge on peut dire...* in his favour we can say...

disgrâce *n* disgrace *(sens 1)*.

disgracieux *adj (démarche)* awkward; *(visage)* plain.

disponible *adj* available; *l'argent placé reste immédiatement disponible* the money invested is immediately available.

ENGLISH

dis'pose *vb transitif (VA)* disposer, arranger ♦ *intransitif (FA) (+ of)* **1** détruire; *(bombe)* désamorcer **2** liquider; se débarrasser de; *she would like to dispose of a house in the South* elle aimerait vendre une maison dans le Midi.

dispo'sition *n* **1** *(manière de placer des objets)* disposition **2** *(caractère)* tempérament.

---

dis'tracted *adj* affolé; dans tous ses états.

dis'traction *n* affolement; *(loc) love to distraction* aimer à la folie.

---

di'version *n* **1** *(Mil)* diversion **2** *(route)* déviation **3** *(loisirs)* détente, distraction, divertissement.

di'vert *vb* **1** *(circulation)* dévier **2** *(fonds)* détourner **3** distraire, divertir.

'doctor *n* docteur ♦ *vb (document)* falsifier; *(aliment)* frelater.

'dotage *n (loc) he's in his dotage* il commence à radoter.

dote *vb (~on)* aduler, adorer; *he dotes on her* il l'aime à la folie.

drape *n (US)* rideau.

FRANÇAIS

disposer *vb* **1** arrange **2** have at one's disposal; *elle aimerait disposer d'une maison dans le Midi* she would like to have (the use of) a house in the South **3** *(loc) vous pouvez disposer* you may leave now.

disposition *n* **1** disposition, arrangement; *j'aime la disposition de vos meubles* I like the way you have placed your furniture **2** disposal; *je suis à votre disposition* I am at your disposal. **3** mood; *est-il dans de bonnes dispositions?* is he in a good mood?

---

distrait *adj* absent-minded.

distraction *n* absent-mindedness.

---

diversion *n* diversion *(sens 1)*.

divertir *vb* **1** amuse, entertain **2** *(fonds)* misappropriate.

divertissant *adj* amusing, entertaining.

divertissement *n* entertainment.

---

docteur *n* doctor.

docte *adj (lit)* erudite, learned.

---

dot *n (mariage)* dowry.

doter *vb* **1** provide with a dowry **2** endow, equip (with).

drap *n* sheet.

ENGLISH

dress *n* robe ◆ *vb* **1** s'habiller **2** *(Méd)* panser.

'dressing *n* **1** *(Méd)* pansement **2** *(Cuis)* assaisonnement.

drug *n* **1** drogue **2** médicament.

FRANÇAIS

dresser *vb* *(monument)* erect, put up; *(tête)* lift, raise; *(liste)* draw up.

drogue *n* drug *(sens 1)*.

E

ENGLISH	FRANÇAIS

eco'nomic *adj* **1** *(science)* économique; *the economic situation is worrying* la situation économique est préoccupante **2** rentable; *his shop is not an economic proposition* son magasin n'est pas rentable.

eco'nomical *adj* **1** *(personne)* économe **2** *(méthode)* économique.

eco'nomics *n (science)* **1** *(singulier avec accord au singulier)* économique, science économique; *economics is his subject* il est étudiant en économie (politique) **2** *(pluriel avec accord au pluriel) the economics of the question are complex* les facteurs économiques du problème sont complexes.

e'conomy *n* **1** *(épargne)* économie **2** *(d'un pays)* économie; *the British economy is looking up* la situation économique de la Grande-Bretagne s'améliore.

économe *adj* economical ◆ *n (intendance)* bursar.

économique *adj* **1** economic **2** economical.

économie *n* **1** *(science)* economics **2** *(d'un pays)* economy **3** *plur (épargne)*; *faire des économies* save (up); *il a mis toutes ses économies dans une maison* he put all his savings into a house; *(fig) ce traitement permettra peut-être de faire l'économie d'une opération* this treatment may be a means of avoiding an operation.

ENGLISH	FRANÇAIS
	économiser *vb* economize, save (up); *ils économisent pour acheter une maison* they are saving up to buy a house; *(fig) il faut économiser ses forces* you've got to save your strength/take things easy.
'edit *vb* **1** *(livre)* annoter, préparer (pour la publication); *(une collection)* diriger **2** *(journal)* diriger; *(un article)* rédiger **3** *(Ciné)* monter (un film).	**éditer** *vb* **1** *(annoter)* edit **2** *(publier)* publish.
e'dition *n* édition; *this book is a first edition* ce livre est une première édition.	**édition** *n* **1** *(annotation)* edition **2** *(fabrication)* publishing; *il travaille dans l'édition* he is in (the) publishing (business); *maison d'édition* publishing firm/house; *l'édition d'un livre peut être très rapide de nos jours* the publication/publishing of a book can go very fast nowadays.
'editor *n* **1** *(livre)* directeur de collection **2** *(journal)* rédacteur en chef; chroniqueur.	**éditeur** *n* **1** *(annotation)* editor **2** *(publication)* publisher.
'educate *vb* cultiver, instruire.	**éduquer** *vb* **1** *(école)* educate **2** *(à la maison)* bring up; *c'est un enfant bien éduqué* he's a well-mannered/well brought up child.
'educated *adj* cultivé, instruit.	
edu'cation *n* éducation, instruction; enseignement; *the Minister of Education* le ministre de l'Education (nationale).	**éducation** *n* **1** *(école)* education **2** *(à la maison)* upbringing; *il n'a pas d'éducation (enfant)* he's badly brought up; *(adulte)* he's ill-bred.
'eligible ['elɪdʒəbl] *adj* **1** éligible **2** *(fiancé)* désirable; *an eligible man/woman* un beau parti.	**éligible** *adj* eligible; *il était éligible mais non élu* he was eligible, but not elected.
em'brace *vb* étreindre, prendre dans ses bras ♦ *n* étreinte.	**embrasser** *vb* kiss.

ENGLISH

e'mergency *n* urgence; *emergency exit* sortie de secours.

en'core [ɒŋ'kɔː] *n (Th)* bis ◆ *vb* bisser.

en'dorse *vb* 1 *(chèque)* endosser 2 soutenir; *I will endorse your decision* je suis prêt à appuyer votre décision 3 *(GB) her driving licence has been endorsed* on a porté une contravention sur son permis de conduire.

en'gaged *adj* 1 *(téléphone)* occupé 2 fiancé(e); *she has just got engaged* elle vient de se fiancer.

en'gagement *n* 1 rendez-vous; *I have a previous engagement* je suis déjà pris 2 fiançailles.

'engine *n (véhicule)* moteur; *(train)* locomotive, motrice.

en'gross *vb* absorber, captiver; *he was engrossed in his work* il était absorbé par/concentré sur son travail.

enter'tain [entə'teɪn] *vb* 1 amuser, distraire 2 recevoir (des invités).

enter'taining *adj* amusant, distrayant ◆ *n they do a lot of entertaining* ils reçoivent beaucoup.

FRANÇAIS

émergence *n* emergence.

encore *adv* again, once more.

endosser *vb* 1 *(chèque)* endorse 2 *(manteau)* put on 3 *(responsabilité)* take, shoulder; *(faute) il voulait que j'endosse la responsabilité* he wanted me to take the blame.

engagé *adj* 1 *(Mil)* volunteer 2 *(pour une cause)* committed; *c'est un écrivain engagé* he's a committed writer.

engagement *n* 1 *(Mil)* enlistment 2 *(pour une cause)* commitment 3 promise; *je tiens mes engagements* I keep my word.

engin *n* 1 apparatus, device; *engin balistique* ballistic missile; *engin explosif* explosive device 2 *(Agr)* (large) farm vehicle.

engrosser *vb* make pregnant; *(vulgaire)* knock up.

entretenir *vb* 1 *(propriété)* keep up, look after 2 *(maîtresse)* keep 3 *(loc) il entretient des relations avec les gens au pouvoir* he is in close contact with those in power.

ENGLISH	FRANÇAIS

enter'tainment *n* divertissement; spectacle.

entretien *n* **1** *(propriété)* upkeep **2** conversation **3** interview.

e'vade [ɪ'veɪd] *vb* éviter; *she successfully evaded the question* elle a réussi à éluder la question.

évader (s') *vb* escape; *s'évader d'une prison* escape from a prison; *c'est un évadé* he's an escaped prisoner; *(fig) s'évader vers le soleil* escape into the sunshine.

e'vasion [ɪ'veɪʒən] *n (fisc) (income) tax evasion* fraude fiscale.

évasion *n* **1** escape (from prison; into the sun) **2** *(le rêve!)* escapism.

---

e'ventual *adj* final ◆ **e'ventually** *adv* à la longue; en fin de compte.

éventuel *adj* possible ◆ **éventuellement** *adv* possibly.

eventu'ality *n (hasard)* éventualité; *(loc) to guard against all eventualities* pour parer à toute éventualité.

éventualité *n* (future) possibility; *(loc) dans l'éventualité d'une guerre* in the event of a war.

'evidence *n sing inv* **1** indice, signe **2** *(Jur)* indice; preuve; *there is not much evidence* les preuves sont peu convaincantes **3** *(Jur)* témoignage; *she gave evidence at the trial* elle a témoigné lors du procès.

évidence *n* obviousness; *de toute évidence, il ment* he's obviously lying; *il nie l'évidence* he's flying in the face of facts.

'evident *adj (VA)* évident.

évident *adj (VA)* evident, obvious.

'evidently *adv* évidemment, à l'évidence.

évidemment *adv* **1** *(affirmation)* evidently, obviously **2** *(concession)* of course; *évidemment, tu as peut-être raison d'un autre point de vue* mind you, you may well be right from another point of view.

ENGLISH

ex'ceed *vb* dépasser; *he was given a heavy fine for exceeding the speed limit* on lui a infligé une lourde amende pour excès de vitesse.

ex'ceedingly *adv* excessivement; *I was exceedingly glad to see you again* j'étais on ne peut plus content de te revoir.

ex'cessive *adj* excessif.

ex'cessively *adv (péj)* (par) trop; *he was excessively polite* il était trop poli (pour être sincère).

ex'ception *n (loc) I take exception to what you did* je ne peux pas accepter ce que tu viens de faire.

ex'citing *adj* 1 excitant 2 captivant, passionnant.

ex'cuse *vb* 1 excuser, pardonner; *excuse me! can I get past?* pardon! puis-je passer? 2 autoriser (à ne pas faire); *I'd like to be excused from the meeting* j'aimerais que vous me permettiez de ne pas assister à la réunion ◆ *n* excuse, prétexte.

ex'hibit [ɪgˈzɪbɪt] *vb* 1 exposer (un tableau) 2 *(péj)* exhiber ◆ *n* objet (d'exposition).

ex'hibition [eksɪˈbɪʃən] *n* 1 exposition 2 *(péj)* exhibition; *you're making an exhibition of yourself!* tu te donnes en spectacle!

FRANÇAIS

excéder *vb* 1 exceed; *la hausse des prix ne devrait pas excéder 2%* the rise in prices should not exceed 2% 2 exasperate; *il m'excède* he gets on my nerves/under my skin 3 exhaust; *excédé de travail et de fatigue* overworked and overtired.

excessif *adj* excessive.

excessivement *adv* 1 exceedingly 2 *(péj)* excessively.

exception *n* exception; *l'exception confirme la règle* the exception proves the rule.

excitant *adj* exciting *(sens 1)*, stimulating ◆ *n* stimulant.

excuser *vb* excuse; *veuillez m'excuser* (I'm) so sorry; I do/must apologize; (do) forgive me.

exhiber *vb (péj)* exhibit; *il adore s'exhiber!* he loves showing off!

exhibition *n (péj)* exhibition; *l'exhibition de tant de luxe m'agace* all that show of luxury gets on my nerves.

ENGLISH	FRANÇAIS

ex'perience [ɪksˈpɪərɪəns] *n* **1** expérience; *I have no experience in this field* je n'ai pas d'expérience dans ce domaine **2** sensation; *he's had some terrible experiences in his life* il en a vu de dures ◆ *vb* éprouver, faire l'expérience de.

expérience *n* **1** experience; *se trouver en haut du mont Blanc est une expérience inoubliable* to find yourself on top of Mont Blanc is an unforgettable experience **2** experiment; *l'expérience a mal tourné* the experiment was a failure.

ex'perienced [ɪksˈpɪərɪənst] *adj* expérimenté.

expérimenté *adj* experienced.

ex'periment [ɪksˈperɪmənt] *vb* expérimenter, essayer ◆ *n* expérience; *let's make an experiment!* faisons un essai (pour voir)!

expérimenter *vb* experiment.

---

exper'tise *n* compétence professionnelle.

expertise *n* (*évaluation*) expert's report.

---

ex'pose *vb* **1** (*photographie, danger, intempéries*) exposer **2** dénoncer; révéler.

exposer *vb* **1** (*photographie, danger, intempéries*) expose **2** (*artistique, scientifique, etc.*) exhibit **3** (*plan, point de vue...*) explain, expound.

---

ex'posure [ɪksˈpəʊʒə] *n* **1** (*photographie, danger, intempéries*) exposition **2** (*orientation*) exposition; *a house with a good southern exposure* une maison bien orientée au midi **3** (*péj*) exposition (à un danger, aux intempéries); *he died of exposure* il est mort de froid **4** (*péj*) dénonciation, révélation.

exposition *n* **1** (*photographie*) exposure; *temps d'exposition* exposure time **2** (*artistique, scientifique, etc.*) exhibition.

---

ex'tenuating *adj* atténuant; (*Jur*) *extenuating circumstances* circonstances atténuantes.

exténuant *adj* exhausting.

exténué *adj* exhausted, dead tired.

ex'tenuation *n* atténuation.

exténuation *n* exhaustion.

ENGLISH

'extra *adj* supplémentaire; *I get some extra money* je gagne un peu plus d'argent; *the wine is extra* le vin est en supplément.

ex'travagance *n* **1** extravagance **2** dépenses inconsidérées, gaspillage.
ex'travagant *adj* **1** extravagant **2** *(prix)* exorbitant **3** *(personne)* dépensier.

FRANÇAIS

extra *adj* fantastic, wonderful; *le vin est extra!* the wine is out of this world!

extravagance *n* extravagance *(sens 1)*, eccentricity.

extravagant *adj* extravagant *(sens 1)*, eccentric.

F

ENGLISH	FRANÇAIS
'fabric *n* **1** tissu **2** *(bâtiment)* gros œuvre.	**fabrique** *n* factory, works.
'fabricate *vb* fabriquer, inventer (une histoire); falsifier (un document).	**fabriquer** *vb* manufacture. **fabricant** *n* manufacturer.
fabri'cation *n* invention, histoire inventée de toutes pièces.	**fabrication** *n* manufacture.
'facile ['fæsaɪl] *adj (péj) (personne)* superficiellement brillant.	**facile** *adj* easy; *il est facile à vivre* he's easy to get on with.
fa'cility [fə'sɪlɪtɪ] *n* **1** aptitude, facilité **2** *(plur)* équipement(s); *transport facilities* moyens de transport.	**facilité** *n* facility, ease.
'famous *adj* célèbre.	**fameux** *adj* **1** *(VA)* famous **2** *(FA) (fam)* marvellous, first-class.
fas'tidious *adj* maniaque; méticuleux; pointilleux.	**fastidieux** *adj* boring, tedious; *corvée fastidieuse* dull chore.
'fatal ['feɪtl] *adj* **1** mortel; *fatal casualty* accident mortel **2** néfaste; *he made a fatal mistake* il a commis une erreur désastreuse.	**fatal** *adj* inevitable; *c'était fatal que leur mariage se termine par un divorce* their marriage was bound to end in divorce.
fa'tality [fə'tælɪtɪ] *n* accident mortel; *road fatalities* morts de la route.	**fatalité** *n* **1** fate **2** inevitability; *les accidents de la route ne sont pas une fatalité* road accidents could be avoided.
'fatally *adv* mortellement; *he was fatally injured* il est décédé de ses blessures.	**fatalement** *adv* inevitably.

ENGLISH

fate *n* destin, sort; *it was fate* c'était la fatalité.

'fated *adj* fatal, inéluctable; *he was fated to die young* il était destiné à mourir jeune.

'festival *n* festival; *(Rel)* fête.

'festive *adj* de fête; *the festive season* la saison des fêtes.

'figure ['fɪgə] *n* **1** silhouette; *she has a good figure* elle est bien faite **2** personnage; *he is quite a figure* c'est un vrai numéro **3** chiffre; *the unemployment figures* les statistiques du chômage.

file[1] [faɪl] *n* lime ◆ *vb* limer.
file[2] [faɪl] *n* **1** *(contenant)* classeur, fichier **2** *(contenu)* dossier, fiche ◆ *vb* classer; mettre sur fiche; verser au dossier.
file[3] [faɪl] *n* file; *walk in single file* marcher en file indienne; *(Mil) the rank and file* la troupe; *(fig)* la base ◆ *vb* défiler.

film *n* **1** *(Ciné, Photo)* film, pellicule; *we shot a lot of film* nous avons utilisé beaucoup de pellicule **2** pellicule; *film of dust* mince couche de poussière ◆ *vb* filmer.

FRANÇAIS

festival *n (Ciné, Mus, Th)* festival; *festival du cinéma* film festival.

figure *n* face; *(fig) il a fait piètre figure parmi toutes ces notabilités* he cut a poor figure among all those notabilities.

file *n* file *(sens 3)*; *il est interdit de stationner en double file* double-parking is forbidden; *(panneau)* no double-parking!

filer *vb* **1** *(coton, laine)* spin; *(loc) il file un mauvais coton* he's in bad shape **2** *(police)* shadow, tail **3** *(déplacement) (fam) il faut que je file!* I must be rushing off! *filer à l'anglaise* take French leave.

film *n (Ciné, Photo)* film; *c'était un bon film* it was a good film.

ENGLISH

fix *vb* **1** fixer **2** arranger, réparer **3** *(Pol & Sp) (élection, match)* truquer ◆ *n (fam)* ennui; *I'm in a real fix* je suis vraiment dans le pétrin.

'flourish ['flʌrɪʃ] *vb* prospérer.

'flourishing *adj* prospère.

fool *n* idiot, imbécile; *don't be a fool!* ne fais pas l'idiot!

'foolish *adj* naïf, sot.

forge *n* forge ◆ *vb* **1** forger **2** falsifier.

'forger *n* faussaire.

'forgery *n* **1** contrefaçon **2** faux.

form *n* **1** genre; *a new form of government* un nouveau style de gouvernement **2** formulaire; *fill in/out a form* remplir un formulaire **3** *(Ens)* classe **4** *(santé)* forme; *he's off form* il n'est pas en forme.

'formal *adj* **1** formel **2** compassé, guindé **3** officiel **4** cérémonieux, solennel; *in formal dress* en tenue de cérémonie.

'formalize *vb* formaliser, officialiser.

'formidable *adj* redoutable.

'fortunate *adj* chanceux, heureux.

FRANÇAIS

fixer *vb* attach, fix *(sens 1)*.

fleurir *vb* flower; *fleurir une tombe* lay flowers on a grave.

fou *adj* mad ◆ *n* **1** madman **2** *(échecs)* bishop **3** *(à la Cour)* jester, fool.

forge *n (VA)* forge.
forger *vb* forge *(sens 1)*; *fer forgé* wrought iron.

forgeron *n* blacksmith; *(loc) c'est en forgeant que l'on devient forgeron* practice makes perfect.

forme *vb* **1** form, style *(sens 1)* **2** *(santé)* form, shape; *il est en grande forme* he's in top form/shape.

formel *adj* formal, positive; *sur ce point je suis formel* I am categorical on that point.

formaliser *vb* **1** formalize **2** *(se ~)* take offence.

formidable *adj* **1** formidable **2** *(fam)* fabulous, wonderful.

fortuné *adj* rich, well-off.

ENGLISH

found *vb* fonder.

'founder *n* fondateur ◆ *vb (Naut)* sombrer *(fig) the business has foundered* l'entreprise s'est effondrée.

'foyer *n (Th)* foyer *(sens 1).*

'franchise ['fræntʃaɪz] *n (Pol)* droit de vote.

fraud *n* **1** fraude **2** imposteur; *(fam)* fumiste.

fresh *adj* **1** frais; *fresh eggs* œufs frais **2** *(loc) fresh water* eau douce **3** *(US) (péj)* culotté, impertinent.

'fuel ['fjʊəl] *n* **1** combustible; *coal used to be the main fuel* le charbon était autrefois le combustible principal **2** carburant; *fuel oil* mazout.

fume [fju:m] *vb* **1** dégager des vapeurs **2** fulminer.

fumes *n plur inv* émanations; *exhaust fumes* gaz d'échappement.

'furnish *vb* meubler; *furnishing fabrics* tissus d'ameublement.

'furniture ['fɜːnɪtʃə] *n sing inv* mobilier, meuble(s); *that's a fine piece of furniture!* quel beau meuble!

FRANÇAIS

fonder *vb* found; *ils ont fondé une entreprise* they founded a business.

fondateur *n* founder.

foyer *n* **1** *(Th)* foyer **2** home.

franchise *n* candour, frankness.

fraude *n* fraud *(sens 1).*

frais *adj* fresh *(sens 1).*

fuel *n* fuel oil.

fumer *vb* smoke.
fumeux *adj* confused, woolly.
fumiste *n* fake, phoney.
fumisterie *n* fraud.
fumée *n* smoke.

fournir *vb* supply; *(lit)* furnish; *cela m'a fourni un indice* it furnished/supplied me with some evidence.
fournisseur *n* supplier.

fourniture *n* supply.

ENGLISH

fuse [fju:z] *n* **1** *(Elect)* fusible; *blow a fuse* faire sauter un fusible **2** *(charge explosive)* amorce, mèche.

'futile ['fju:taɪl] *adj* **1** inutile, vain **2** *(personne)* incapable, incompétent.
fu'tility *n* **1** inutilité, vanité **2** incapacité, incompétence.

FRANÇAIS

fusée *n* rocket.

futile *adj* **1** futile, pointless **2** *(propos)* trivial; *(personne)* frivolous.
futilité *n* **1** futility **2** frivolity, triviality.

G

ENGLISH	FRANÇAIS
gag *n* **1** *(Th)* gag **2** bâillon ♦ *vb* **1** faire des gags **2** bâillonner.	**gag** *n* gag *(sens 1)*.
'gallant *adj* courageux.	**galant** *adj (lit)* courteous ♦ *n (péj)* ladies' man.
'gallantry *n* bravoure.	**galanterie** *n* courtesy.
gang *n* **1** *(ouvriers)* équipe **2** bande, gang.	**gang** *n* gang *(sens 2)*.
gas *n* **1** *(GB)* gaz **2** *(US)* essence (d'automobile).	**gaz** *n (GB)* gas *(sens 1)*.
'genial ['dʒi:nɪəl] *adj* convivial, cordial, jovial. **geni'ality** [dʒi:nɪ'ælɪtɪ] *n* convivialité, cordialité, jovialité.	**génial** *adj* brilliant; *il est génial* he's a genius/a man of genius.
'genius ['dʒi:nɪəs] *n (à la fois l'homme et son intelligence)* génie; *he has genius* il a du génie; *he's a genius* c'est un génie.	**génie** *n* **1** genius; *c'est un génie* he's a genius; *il a du génie* he's got genius **2** *(science)* le génie génétique genetic engineering.
gen'teel *adj (personne)* huppé. **gen'tility** *n* (trop?) bonnes manières.	**gentil** *adj* pleasant, nice; *que c'est gentil de ta part de nous inviter!* how charming/kind of you to invite us!
'gentle *adj* doux; *she has a gentle nature* elle est douce de caractère; *a gentle slope* une pente douce; *a gentle breeze* une petite brise.	
'gentleness *n* douceur. **'gentry** ['dʒentrɪ] *n* petite noblesse.	**gentillesse** *n* kindness.

ENGLISH	FRANÇAIS

glue *n* colle.
gluey *adj* collant, poisseux.

glu *n* birdlime.
gluant *adj* sticky.

'graceful *adj (gestes, silhouette)* gracieux.
'gracious *adj (amabilité)* gracieux.

gracieux *adj* **1** *(gestes, silhouette)* graceful **2** *(amabilité)* gracious.
gracieusement *adv* **1** gracefully **2** graciously **3** free of charge.

---

grade *n* **1** qualité **2** *(US) (Ens)* classe; note; *(fig)* make the grade atteindre le niveau requis ◆ *vb* **1** *(objets disparates)* classer **2** *(par taille)* calibrer **3** *(progressivement)* graduer **4** *(US) (Ens)* noter.

'graduate ['grædʒʊeɪt] *vb* **1** graduer **2** *(Ens) (GB)* obtenir sa licence; *(US)* obtenir un diplôme de fin d'études *(tous niveaux)* ◆ *n* licencié; diplômé.

grade *n (Admin & Mil)* rank; *il est vite monté en grade* he got very quick promotion; *(loc) (fam) il en a pris pour son grade* he was properly hauled over the coals/he got a good ticking off.
graduer *vb* grade *(sens 3)*.

---

grand *adj* grandiose; *(loc)* grand piano piano à queue.

grand *adj (personne)* big, tall; *un grand bruit* a loud noise.

---

grape *n* grain de raisin; *bunch of grapes* (grappe de) raisin; *(à table)* have some grapes! prenez du raisin!

grappe *n (fleurs...)* cluster; *(raisin)* bunch.

---

gra'tuitous *adj* gratuit, injustifié; *gratuitous violence* la violence pour la violence.
gra'tuitousness *n* manque de justification.

gratuit *adj* **1** *(sans payer)* free (of charge) **2** gratuitous, unwarranted.

gra'tuity *n* **1** pourboire, *(lit)* gratification **2** *(retraite)* prime de départ.

gratuité *n* **1** *(sans payer) gratuité des soins médicaux* free medical care **2** gratuitousness.

---

grief [griːf] *n* chagrin, peine.
'grievance ['griːvəns] *n* grief.

grief *n* grievance; *il a un grief contre moi* he bears/has a grievance against me.

69

ENGLISH — FRANÇAIS

grieve [gri:v] *vb* chagriner, peiner; *(pour qn)* pleurer (un être cher).

groom [gru:m] *n* **1** lad, valet d'écurie **2** *the (bride)groom* le marié.

groom *n* (*hôtel*) bellboy; (*US*) bellhop.

gross [grəus] *adj* **1** grossier **2** (*Econ*) *gross national product* revenu national brut.

gros(se) *adj* fat, corpulent.
gros *n* (*en ~*) wholesale.
grossesse *n* pregnancy.
grossiste *n* wholesaler.

'**guardian** ['gɑ:dɪən] *n* **1** (*immeuble*) gardien **2** (*Jur*) tuteur.

gardien *n* guardian (*sens 1*).

guest *n* hôte, invité. *Voir aussi HOST.*

hôte *n* **1** host **2** guest. *Voir aussi HOST.*

gulf *n* **1** (*Géog*) golfe **2** (*fig*) abîme; *there's a gulf between what he says and what he does* il y a un gouffre entre ce qu'il dit et ce qu'il fait.

golfe *n* (*Géog*) gulf.

'**gusto** *n* enthousiasme.

goût *n* taste.

H

ENGLISH	FRANÇAIS
'habit *n* habitude; *he's got into bad habits* il a pris de mauvaises habitudes.	habit *n* **1** clothes; *(dicton) l'habit ne fait pas le moine* you can't judge a book by its bindings **2** suit; *habit de soirée* tails.
'harass *vb* **1** tourmenter, tracasser **2** *(Mil & sexuel)* harceler. 'harassing *n sing inv (Mil & sexuel)* harcèlement.	harasser *vb* exhaust. harceler *vb* harass *(tous sens)*. harcèlement *n* harassing.
'hardy *adj* robuste; *(plantes)* vivace.	hardi *adj* audacious, bold.
'hazard *n* danger, risque; *the hazards of smoking* les dangers du tabagisme.	hasard *n* chance; *je l'ai rencontré par hasard* I met him by chance; *comme le hasard l'a voulu* as chance would have it.
heir [eɪə] *n* héritier ♦ 'heiress *n* héritière. 'heritage *n (culture)* héritage; patrimoine.	hériter *vb* inherit ♦ héritier *n* heir ♦ héritière *n* heiress. héritage *n* **1** *(culture)* heritage **2** *(famille)* inheritance.
'honorary *adj* **1** bénévole, honoraire **2** *(titre)* honorifique; *(université)* honorary doctorate doctorat *honoris causa*.	honoraire *adj* **1** honorary *(sens 1)* **2** *(université)* emeritus; *professeur honoraire* professor emeritus.
host *n* **1** hôte; maître/maîtresse de maison **2** *(fig)* grand nombre; *I've a host of things to do* j'ai une multitude de choses à faire.	hôte *n* **1** *(maître/maîtresse de maison)* host **2** *(invité)* guest.

ENGLISH

'humour *n* **1** humour; *he has no humour* il n'a pas le sens de l'humour **2** humeur; *he's in a good/bad humour* il est de bonne/mauvaise humeur ♦ *vb* ménager; *he's in a bad humour, so try to humour him* il est de mauvaise humeur, donc essaie de ne pas le contrarier.

hurl *vb* lancer violemment.

hurt *vb* **1** blesser, faire mal **2** faire de la peine.

hy'steria *n (Méd)* hystérie.

hy'sterical *adj* **1** *(Psych)* hystérique **2** *(fam)* indescriptiblement drôle; *it was/we were hysterical* c'était à mourir de rire.

hy'sterics *n plur inv* **1** crise de nerfs; *she threw a fit of hysterics* elle a piqué une crise de nerfs **2** fou rire; *we were in hysterics* nous n'en pouvions plus de rire.

FRANÇAIS

humour *n* humour *(sens 1)*.
humeur *n* humour *(sens 2)*; *il est de bonne humeur* he's in a good temper/mood.

hurler *vb* howl, scream.

heurter *vb* jolt, knock (against).

hystérie *n (Méd)* hysteria; *(Psych) hystérie collective* mob hysteria.
hystérique *adj* hysterical *(sens 1)*.

I

ENGLISH	FRANÇAIS
ig'nore [ɪgˈnɔː] *vb* feindre d'ignorer; *he ignored my warnings* il n'a tenu aucun compte de mes avertissements.	**ignorer** *vb* **1** *(personne)* ignore; *il m'a ignoré* he ignored/cut me **2** be ignorant of; *je l'ignorais totalement* I knew nothing about that.
i'lliteracy *n* **1** analphabétisme **2** manque de culture.	
i'lliterate *adj & n* **1** analphabète **2** illettré.	**illettré** *adj & n* illiterate *(sens 2)*.
im'pair *vb* détériorer.	**impair** *adj (chiffre)* odd ◆ *n j'ai fait un impair* I put my foot in it.
'implicate *vb* impliquer (dans un scandale).	**impliquer** *vb* **1** implicate **2** imply.
impli'cation *n (VA)* implication.	**implication** *n (VA)* implication.
im'ply [ɪmˈplaɪ] *vb* **1** impliquer; *what does this imply?* quelles en sont les conséquences probables? **2** laisser supposer; *what are you implying?* que voulez-vous insinuer?	
im'pose *vb* imposer, infliger; *he imposes his views on everybody* il impose ses opinions à tout le monde; *he came and imposed himself on us* il s'est installé chez nous comme en pays conquis.	**imposer** *vb* **1** *(à)* impose, inflict (on) **2** *(fisc)* tax.
	imposable *adj* taxable.
	impôt *n* tax; *impôt sur le revenu* income tax.

73

ENGLISH

im'proper *adj* **1** déplacé, inconvenant **2** indécent **3** incorrect; *improper use is not covered by the guarantee* la garantie exclut le cas d'une utilisation incorrecte.

improp'riety [ɪmprə'praɪətɪ] *n* **1** *(langage)* impropriété **2** inconvenance.

inar'ticulate [ɪnɑː'tɪkjʊlət] *adj* **1** qui articule mal ses mots **2** qui s'exprime difficilement/mal.

incon'siderate [ɪnkən'sɪdərɪt] *adj* qui manque d'égards; *that was very inconsiderate of you!* là, tu as manqué d'égards!

incon'venience *n* inconvénient.

incon'venient *adj* gênant, inopportun.

in'dulgence *n* **1** indulgence **2** plaisir, péché mignon.

in'ebriate *n* *(lit)* alcoolique.

in'ebriated *adj* *(lit)* ivre.

in'ebriety *n* (état d')ébriété.

'infant ['ɪnfənt] *n* enfant en bas âge; *he's still just an infant* il n'est encore qu'un tout petit enfant; *infant mortality* mortalité infantile.

FRANÇAIS

impropre *adj* inappropriate, unsuitable; *impropre à la consommation* unfit for human consumption.

impropriété *n* impropriety *(sens 1)*.

inarticulé *adj* inarticulate *(sens 1)*; *cris inarticulés* inarticulate shouts.

inconsidéré *adj* thoughtless, unreflecting; *un acte inconsidéré peut coûter cher à la longue* a rash act may be costly in the long run.

inconvénient *n* drawback; inconvenience.

inconvenant *adj* indecent, improper.

indulgence *n* indulgence *(sens 1)*.

ébriété *n* *(lit)* inebriety, intoxication; *(véhicule) conduite en état d'ébriété* driving under the influence (of drink), *(fam)* drunk driving.

enfant *n* child; boy; girl; *ce n'est encore qu'un grand enfant* he's still just a boy/*(péj)* an overgrown schoolboy.

74

ENGLISH

in'fatuated *adj (with)* amoureux fou (de), entiché (de).

in'fatuation *n* engouement.

infor'mation *n sing inv* information(s), renseignement(s); *I haven't got much information* je n'ai pas beaucoup d'informations/de renseignements.

in'genious [ɪn'dʒi:nɪəs] *adj* ingénieux.

ingen'uity [ɪndʒɪn'ju:ɪtɪ] *n* ingéniosité.

in'genuous [ɪn'dʒenjʊəs] *adj* ingénu, naïf.

in'genuousness *n* ingénuité, naïveté.

in'habit *vb* habiter.

in'habitant *n* habitant.

in'habited *adj* habité; *an uninhabited island* une île déserte.

'injure *vb* blesser.

in'jurious *adj* nocif, nuisible.

'injury *n* blessure; *fatal injury* blessure mortelle.

in'quire [ɪn'kwaɪə] *vb* 1 demander 2 (~ *into*) enquêter (sur).

in'quiry [ɪn'kwaɪərɪ] *n* 1 demande de renseignements 2 (*Admin*) enquête.

in'scribe *vb* (*lit*) (*gravure, monuments...*) inscrire.

in'scription *n* (*lit*) (*gravure, monuments...*) inscription.

FRANÇAIS

infatué *adj* conceited; *il est infatué de sa personne* he is full of his own importance.

information(s) *n* 1 information 2 (*médias*) news; (*radio, TV*) *que dit-on aux informations?* what's on the news (bulletin)?

ingénieux *adj* ingenious.

ingéniosité *n* ingeniousness, ingenuity.

ingénu *adj* ingenuous.

ingénuité *n* ingenuousness.

habiter *vb* inhabit.

habitant *n* inhabitant.

habité *adj* inhabited.

injurier *vb* insult.

injurieux *adj* insulting.

injure *n* insult. *Voir aussi ABUSE.*

enquêter *vb* conduct an inquiry (into).

enquête *n* (*Admin*) inquiry.

inscrire *vb* 1 inscribe 2 (*s'~*) (*club*) become a member of, join.

inscription *n* 1 inscription 2 membership; *as-tu payé ton inscription?* have you paid your membership fee?

ENGLISH

'instance *n* exemple; *for instance* par exemple.

in'telligence *n sing inv* **1** intelligence **2** *(Mil & Pol)* renseignement(s).

in'toxicate *vb* **1** *(Méd, Pol...)* intoxiquer **2** *(alcool)* enivrer.
intoxi'cation *n* **1** *(Méd, Pol...)* intoxication **2** ivresse.

intro'duce [ɪntrəˈdjuːs] *vb* **1** introduire **2** présenter; *let me introduce you to my wife* permettez-moi de vous présenter à ma femme.

intro'duction [ɪntrəˈdʌkʃən] *n* **1** introduction; avant-propos **2** présentation; *letter of introduction* lettre de recommandation.

in'valid¹ [ɪnˈvælɪd] *adj* **1** non valable **2** *(Jur)* nul et non avenu.
'invalid² [ˈɪnvəlɪd] *n & adj* malade; handicapé, infirme.

iso'lation [aɪsəˈleɪʃən] *n* isolement.

'issue [ˈɪʃuː] *n* **1** *(journal)* parution; édition, numéro **2** *(d'actualité)* problème; question; *electoral issue* thème de campagne électorale **3** *(Bourse)* émission d'actions ◆ *vb (document)* fournir; *he was issued with a real false passport* on lui a fourni un vrai faux passeport.

FRANÇAIS

instance *n* **1** *(Admin) les instances internationales* the international authorities **2** *(Jur)* proceedings.

intelligence *n* intelligence *(sens 1)*.

intoxiquer *vb* intoxicate *(sens 1)*.

intoxication *n* intoxication *(sens 1)*.

introduire *vb* introduce *(sens 1)*; *ils ont introduit un tube dans la trachée* they introduced a tube into the trachea/windpipe; *introduisez-le dans le salon* show him into the drawing room.

invalider *vb* invalidate.

invalide *n* disabled (soldier).

isolation *n (Elect)* insulation; *isolation phonique* sound-proofing.

issue *n* **1** way out **2** outcome, result; *l'issue des élections* the result of the elections.

J

ENGLISH	FRANÇAIS
joint *n* **1** *(Cuis)* rôti **2** *(Anat)* articulation **3** *(argot) (péj)* boîte (de nuit), tripot **4** *(argot) (drogue)* joint ◆ *adj* commun; *(banque)* joint account compte joint/commun; *joint committee* comité paritaire.	**joint** *n* **1** *(robinet)* washer **2** *(Auto)* joint de culasse cylinder head gasket **3** *(argot) (drogue)* joint **4** *(loc) (argent) faire le joint* bridge the gap; *(problème) trouver le joint* find the answer.
'jolly *adj* joyeux ◆ *adv (fam)* très; *jolly good!* bravo! bien!	**joli(e)** *adj* pretty.
'journal *n* revue spécialisée (médecine, science, etc.).	**journal** *n* newspaper; *journal quotidien/hebdomadaire* daily/weekly (paper).
'journey *n* voyage (ou bien long ou bien pénible); *we decided to go off on a real journey* nous avons décidé de partir faire un vrai voyage (d'aventure). *Voir aussi TRAVEL, TRIP et VOYAGE.*	**journée** *n* day; *j'ai travaillé toute la journée* I've been working all day (long).

L

ENGLISH	FRANÇAIS
'label *n* étiquette.	**label** *n* stamp; *label d'origine* stamp/seal of origin.
la'borious *adj* laborieux, pénible.	**laborieux** *adj* **1** *(péj)* laborious **2** *(social)* hard-working; *les classes laborieuses* the working classes.
'labour *(GB)*, **'labor** *(US)* ['leɪbə] *n* **1** travail pénible **2** *(Méd)* travail (d'accouchement) **3** main-d'œuvre ♦ *vb* travailler dur; être à la peine; *(fig) you're labouring under a delusion* tu te fais des illusions; *no need to labour the point* inutile d'insister lourdement sur ce point. **'labo(u)rer** *n* travailleur manuel, manœuvre.	**labeur** *n* labour, toil *(sens 1)*. **labour** *n (GB)* ploughing, *(US)* plowing. **labourer** *vb (GB)* plough, *(US)* plow. **laboureur** *n (GB)* ploughman, *(US)* plowman.
lard *n* saindoux.	**lard** *n* bacon.
large *adj* grand.	**large** *adj* broad, wide.
'lecture ['lektʃə] *n* **1** *(Ens)* conférence; cours **2** *(fig)* réprimande; *he gave me a lecture* il m'a sermonné ♦ *vb* **1** faire une conférence **2** réprimander, sermonner.	**lecture** *n* reading; *il aime la lecture* he enjoys reading; *(parlement) le projet de loi est en deuxième lecture* the bill is going through its second reading.
'leisure ['leʒə] *n sing inv* loisir(s); *I haven't got very much leisure* je n'ai pas beaucoup de loisirs. **'leisurely** *adj* qui prend son temps ♦ *adv* tranquillement.	**loisir** *n* leisure; *je le ferai lorsque j'en aurai le loisir* I'll do it when I have some (spare) time.

ENGLISH

li'brarian [laɪ'breərɪən] *n* bibliothécaire.

'library ['laɪbrərɪ] *n* bibliothèque.

'licence *(GB)* **'license** *(US)* ['laɪsəns] *n* **1** licence, liberté **2** *(Admin)* autorisation, licence; *driving licence* permis de conduire.

'license ['laɪsəns] *vb (Admin)* autoriser.

lie [laɪ] *vb* mentir; *he lied to me* il m'a menti ◆ *n* mensonge; *he told me a lie* il m'a raconté un mensonge.

lime [laɪm] *n* **1** *(arbre)* tilleul **2** citron vert **3** chaux.

'literacy *n* fait de savoir lire et écrire; *literacy campaign* campagne d'alphabétisation.

'literate *adj* **1** qui sait lire et écrire **2** instruit.

'local *n (fam)* bistro du coin.

lo'cate *vb* **1** repérer **2** situer.

lo'cation *n* **1** repérage **2** emplacement **3** *(Ciné)(loc) shoot on location* filmer en extérieur.

lodge *n* **1** loge de gardien **2** loge maçonnique **3** pavillon de chasse ◆ *vb* **1** loger **2** être en location/pension **3** *(fig) lodge a complaint* porter plainte.

'lodger *n* locataire; pensionnaire.

FRANÇAIS

libraire *n* bookseller.

librairie *n* bookshop.

licence *n* **1** licence *(sens 1)* **2** authorisation; *licence de pêche* fishing permit **3** *(université)* degree.

licencier *vb* dismiss, *(fam)* sack.

lie *n* sediment, *(plur inv)* dregs; *(fig) la lie de la société* the dregs of society.

lime *n (outil)* file.

lettré *adj* cultured; well-read.

local *n* building, premises.

location *n* rent; rental; *location-vente* hire-purchase.

locataire *n (maison)* tenant; *(chambre) (GB)* lodger, *(US)* roomer.

loge *n* **1** *(gardien)* lodge **2** *(Th) (public)* box; *(artistes)* dressing room.

loger *vb (provisoire)* accommodate; *(permanent)* house; *(loc) logé et nourri* with bed and board ◆ *(se ~)* find accommodation.

logeur *n* landlord ◆ **logeuse** *n* landlady.

ENGLISH

FRANÇAIS

logement *n* **1** accommodation; *je viens de trouver un logement* I've just found a place to live/stay **2** housing; *il y a une pénurie de logements* there's a housing shortage.

'lunatic ['lu:nətɪk] *adj & n* dément, fou; *lunatic asylum* asile d'aliénés.

lunatique *adj* moody, quirky, temperamental.

---

luxe *n* luxury.

luxueux *adj* luxurious.

lu'xurious [lʌg'zjʊərɪəs] *adj* luxueux.

luxurieux *adj* debauched.

'luxury ['lʌkʃərɪ] *n* luxe.

luxure *n* debauchery, lewdness.

M

ENGLISH	FRANÇAIS
'magnify *vb* **1** *(Rel)* glorifier **2** agrandir, *(aussi fig)* grossir.	**magnifier** *vb (Rel)* praise, magnify *(sens 1)*.
'malice *n* méchanceté, malveillance.	**malice** *n* mischief.
ma'licious *adj* méchant, malveillant.	**malicieux** *adj* mischievous, impish.
ma'lign [mə'laın] *adj* nuisible ♦ *vb* calomnier, diffamer.	**malin** *adj* **1** clever; sly **2** *(Méd)* malignant.
ma'lignant [mə'lıgnənt] *adj* **1** malfaisant, malveillant **2** *(Méd)* malin; *malignant tumour* tumeur maligne.	
'mania ['meınıə] *n* **1** *(Psych)* manie **2** douce folie; *he has a mania for vintage cars* il a la passion des voitures d'époque.	**manie** *n* **1** *(Psych)* mania, obsession **2** *(bizarrerie)* oddity; *il a la manie d'ouvrir toutes les fenêtres* one of his quirks is to have all the windows open.
'maniac ['meınıæk] *adj & n (Psych)* maniaque; *(fig)* dément, fou.	**maniaque** *n* **1** *(Psych)* maniac **2** crank; *c'est un vieux maniaque* he's an old fusspot ♦ *adj (Psych)* maniacal; *(fig)* maniac; cranky, quirky.
'maniacal ['meınıəkl] *adj (Psych)* maniaque, fou (à lier).	
'manicure ['mænıkjʊə] *n* soin des mains.	**manucure** *n* manicurist.
'manicurist ['mænıkjʊrıst] *n* manucure.	
'manifest *vb* manifester, montrer, prouver.	**manifester** *vb* **1** manifest **2** *(Pol)* demonstrate.
manifes'tation *n* extériorisation, manifestation.	**manifestation** *n* **1** manifestation **2** *(Pol)* demonstration; *(fam)* demo.

81

ENGLISH

mani'festo *n (Pol)* manifeste.

ma'nœuvre [mə'nu:və] *n (Mil & Pol)* manœuvre ◆ *vb* manœuvrer.

manu'facture [mænjʊ'fæktʃə] *n* 1 *(procédé)* fabrication 2 *(plur)* produits manufacturés ◆ *vb* manufacturer, fabriquer.

mare [mɛə] *n* jument.

ma'rine [mə'ri:n] *n* fusilier marin; *(loc) tell that to the Marines!* à d'autres!

mark [mɑ:k] *n* 1 marque, signe 2 *(Ens)* note ◆ *vb* 1 marquer, tacher 2 *(Ens)* noter; *mark papers* corriger des copies.

'marmalade ['mɑ:məleid] *n* confiture d'oranges (et d'autres agrumes).

ma'roon [mə'ru:n] *adj (couleur)* bordeaux.

'martyr *n (personne)* martyr(e); *she is a martyr to rhumatism* ses rhumatismes lui font souffrir le martyre.

'martyrdom *n (acte)* martyre; *(fig)* calvaire.

mass *n* 1 masse, foule 2 *(Rel)* messe; *attend mass* assister à la messe ◆ *vb* (se) masser, (se) réunir en masse.

FRANÇAIS

manifestant *n (Pol)* demonstrator.

manœuvre *n* 1 *(Mil & Pol)* manœuvre 2 *(personne)* labourer.
manœuvrer *vb* manœuvre.

manufacture *n* 1 *(procédé)* manufacture 2 *(lieu)* factory, mill.

mare *n* pond, pool; *(fig) mare de sang* pool of blood.

marine *n* Navy; *il a servi dans la marine* he served in the Navy.

marque *n* 1 mark *(sens 1)* 2 brand; *brand of whisky* marque de whisky; *(produit durable)* make; *marque de voiture* make of car.

marmelade *n* stewed fruit.

marron *adj (couleur)* brown.

martyr(e) *n (personne)* martyr.

martyre *n (acte)* martyrdom; *elle a souffert le martyre* she went through agony. *Voir AGONY.*

masse *n* 1 *(foule)* crowd 2 *(Elect)* mass 3 *(marteau)* sledge-hammer.
masser *vb* 1 mass, assemble 2 massage.

ENGLISH

mat *n* paillasson; tapis; *table mat* dessous-de-plat.

match *n* **1** *(Sp)* match **2** égal, pair; *the curtains are a good match* la couleur des rideaux s'harmonise bien avec le reste; *she made a good match* elle s'est bien mariée; *she'll be a match for you!* elle saura te faire marcher droit! *he has found his match!* il a trouvé à qui parler!

ma'terial *n* **1** matière: *raw materials* matières premières **2** matériau.

'matter *n* **1** matière **2** problème; *what's the matter?* qu'est-ce qui ne va pas? ♦ *vb* avoir de l'importance; *does it matter?* quelle importance?

'medicine *n* **1** *(science)* médecine **2** médicament.

'medium ['mi:diəm] *n* **1** médium **2** *(plur* **'media)** moyen; *the media* les médias.

'merciful *adj* miséricordieux.
'merciless *adj* sans pitié.
'mercy *n* miséricorde; *have mercy on us poor sinners!* ayez pitié de nous pauvres pécheurs! *beg for mercy* demander grâce; *mercy-killing* euthanasie.

FRANÇAIS

mât *n (navire)* mast.

match *n (Sp)* match; *ils ont fait match nul* the game/match ended in a draw/tie.

matériau *n* material.

matière *n* **1** matter **2** *(livre)* table des matières (table of) contents **3** *(loc) il y a matière à réflexion* that's something to think about; *il n'y a pas matière à se disputer* there's no cause for a quarrel.

médecine *n* medicine.
médecin *n* doctor (of medicine).

médium *n (voyant)* medium.

merci *n* **1** mercy; *nous sommes à sa merci* we are at his mercy; *ils ont livré un combat sans merci* they fought a merciless fight **2** thanks, thank-you; *un grand merci* a big thank-you, many thanks ♦ *(exclamation)* thanks, thank you; *merci beaucoup* thank you very much/so much; *merci de votre carte* thank you for your card.

ENGLISH · FRANÇAIS

mess *n* désordre, fouillis; *the garden is in a mess* le jardin est dans un triste état; *(fig) he has made a mess of his life* il a gâché sa vie.

'meter *n* **1** *(Elect & gaz)* compteur **2** *(US)* mètre.

'minute ['mɪnɪt] *n* minute.

mi'nute [maɪ'nju:t] *adj* **1** minuscule **2** minutieux.

'miser ['maɪzə] *n* avare.

'miserliness ['maɪzəlɪnəs] *n* avarice.

'miserly ['maɪzəlɪ] *adj* avare, radin.

'miserable ['mɪzrəbl] *adj* **1** malheureux; *she has been miserable since her dog died* elle est inconsolable depuis la mort de son chien **2** lamentable, pitoyable; *a miserable wage* un salaire de misère.

'misery ['mɪzərɪ] *n* **1** tristesse **2** souffrance; *I went through misery at the dentist's* j'ai souffert le martyre chez le dentiste.

'modest *adj* **1** modeste **2** pudique.

'modesty *n* **1** modestie **2** pudeur.

---

messe *n* *(Rel)* mass; *célébrer la messe* celebrate mass.

mètre *n* *(GB)* metre, *(US)* meter.

minute *n* minute.

misère *n* **1** destitution, poverty; *la misère est à l'échelle mondiale* poverty is on a world-wide scale **2** trifle, trifling sum (of money); *j'ai eu ce vase pour une misère* I got this vase a mere nothing/for a song.

misérable *adj* destitute, poverty-stricken.

modeste *adj* *(personne)* modest *(sens 1)*, unassuming.

modestie *n* modesty *(sens 1)*, simplicity.

ENGLISH	FRANÇAIS
'money *n* argent; *time is money* le temps, c'est de l'argent; *he spends money like water* il jette l'argent par les fenêtres.	monnaie *n* **1** *(Bourse)* currency **2** change; *peux-tu me faire de la monnaie?* can you give me change?
'moral ['mɒrəl] *adj* moral ♦ *n* morale; *the moral of the story* la morale de l'histoire. mo'rale [mɒ'rɑːl] *n* moral; *how is the morale today?* comment va le moral aujourd'hui? mo'rality *n sing inv* valeur(s) morale(s). 'morals *n plur inv* principes moraux; *some people have no morals* il y a des gens sans principes.	moral *adj* moral ♦ *n* morale; *comment va le moral aujourd'hui?* how's the morale today? morale *n* morals; *elle m'a fait la morale* she gave me a lecture. moralité *n* morals; *il n'y a plus de moralité publique (Georges Brassens!)* public morals have gone (down the drain).
mun'dane [mʌn'deɪn] *adj* banal, terre à terre.	mondain *adj* urbane; *la vie mondaine* society life.
'musical *adj* **1** musical **2** musicien; *she is very musical* elle est très musicienne. mu'sician *n* musicien(ne).	musical *adj* musical. musicien *n* musician ♦ *adj* musical.

N

ENGLISH | FRANÇAIS

---

nerve *n* **1** *(Méd)* nerf **2** *(Psych)* nerf; *my nerves are on edge* j'ai les nerfs à vif **3** assurance, confiance; *that takes a lot of nerve* cela exige beaucoup de courage/sang-froid **4** culot, toupet; *you've got a/some nerve!* tu en as du toupet!

'nervous *adj* **1** *(Méd)* nerveux **2** *(Psych)* nerveux, ému, tendu; *he had a nervous breakdown* il a fait une dépression (nerveuse).

nerf *n* **1** *(Méd)* nerve **2** *(Psych)* nerve; *il a des nerfs d'acier* he has nerves of steel; *je suis sur les nerfs* I feel on edge/I'm (all) tensed up; *(fam) il me tape sur les nerfs* he gets on my nerves **3** energy, vigour; *(fam) un peu de nerf!* come on! buck up!

nerveux *adj* **1** *(Méd)* nervous; *le système nerveux* the nervous system **2** *(Psych)* nervous **3** nervous, irritable **4** energetic, vigorous; *c'est une voiture très nerveuse* this car has very good acceleration.

---

noncon'formist *adj & n* **1** non conformiste **2** *(Rel)* dissident; hérétique.

non conformiste *adj & n* nonconformist *(sens 1)*.

'nonsense *n sing inv* **1** non-sens **2** ineptie(s); *what (a piece of) nonsense!* quelle absurdité!

non-sens *n* nonsense *(sens 1)*.

---

note *n* **1** *(Mus)* note **2** *(écrit)* note; *take notes* prendre des notes **3** *(lettre) drop me a little note* écris-moi un petit mot **4** *(banque)* billet ♦ *vb* noter *(sens 1)*.

note *n* **1** note *(sens 1 & 2)* **2** *(Ens)* mark.

noter *vb* **1** note (down), jot down **2** *(Ens)* mark.

86

ENGLISH	FRANÇAIS

'notice *n* **1** avis, affiche **2** préavis; *until further notice* jusqu'à nouvel ordre; *he was given three months' notice* on lui a donné un préavis de trois mois ◆ *vb* remarquer.

notice *n* note; instructions; *notice explicative* explanatory booklet/leaflet.

---

notor'iety [nəutə'raɪətɪ] *n* mauvaise réputation.

notoriété *n* fame; *c'est de notoriété publique* everybody knows that.

no'torious [nə'tɔ:rɪəs] *adj* mal famé; *(péj)* notoire.

notoire *adj* well known.

'novel *n* roman.
'novelist *n* romancier.

nouvelle *n* short story.

'nuisance ['nju:sns] *n* désagrément, ennui; *don't be such a nuisance!* ne sois pas si agaçant!

nuisance *n* (*écologique*) (*animal*) pest; (*air, bruit, etc.*) (sources of) pollution.

---

nurse *n* **1** nurse, nourrice **2** (*Méd*) infirmière ◆ *vb* (*Méd*) soigner.

nurse *n* nurse (*sens 1*).

O

ENGLISH	FRANÇAIS
o'bedience *n* **1** obéissance **2** *(Rel)* obédience.	obédience *n (Rel)* obedience, faith, persuasion.
o'ffence *(GB)*, o'ffense *(US) n* **1** offense; injure **2** *(Jur)* délit, infraction. o'ffend *vb* **1** offenser, offusquer **2** *(Jur)* enfreindre. o'ffender *n* contrevenant, malfaiteur. o'ffensive *adj* blessant, déplaisant, injurieux.	offense *n* offence *(sens 1)*. offenser *vb* offend *(sens 1)*.
'offer *vb* offrir; proposer; *he offered me a job* il m'a proposé un travail; *she offered to help me* elle s'est proposée pour m'aider ◆ *n* offre, proposition.	offrir *vb* **1** offer, propose **2** *(cadeau)* give; *il lui a offert une boîte de chocolats pour son anniversaire* he gave her a box of chocolates for her birthday. offrande *n (don)* offering. offre *n* offer.
office *n* **1** bureau **2** ministère; *Foreign Office* ministère des Affaires étrangères; *(loc) Labour are now in office* les travaillistes sont maintenant au pouvoir. o'fficious *adj* imbu de sa personne.	office *n (fonction)* office; *(loc) dans L'Avare le cuisinier fait aussi office de cocher* in L'Avare the cook also acts as coachman; *il a été mis à la retraite d'office* he was compelled/forced to retire. officieux *adj* unofficial.
oil [ɔil] *n* **1** huile **2** pétrole.	huile *n* oil *(sens 1)*.
oppor'tuneness *n* opportunité, le choix du moment opportun.	

ENGLISH	FRANÇAIS
oppor'tunity *n* chance, occasion.	**opportunité** *n* **1** opportuneness **2** opportunity.
'order *n* **1** ordre **2** *(Com, restaurant)* commande ◆ *vb* **1** ordonner **2** *(Com, restaurant)* commander.	**ordre** *n* order *(VA sauf sens 2)*. **ordonner** *vb* order *(VA sauf sens 2)*.
'organ *n* **1** *(Anat)* organe **2** *(Mus)* orgue(s).	**organe** *n* *(Anat)* organ *(sens 1)*.
o'riginal *adj* **1** original **2** originel; *the original text* le texte d'origine ◆ *n* original; *read Greek in the original* lire le grec dans le texte.	**original** *adj* & *n* original. **originel** *adj* original; *(Rel) le péché originel* original sin.
o'stensible *adj* feint, apparent, prétendu. **o'stensibly** *adv* en apparence, soi-disant.	**ostensible** *adj* ostentatious, visible. **ostensiblement** *adv* ostentatiously, visibly.

P

ENGLISH	FRANÇAIS
pain *n* douleur (physique comme morale); *are you in pain?* est-ce que vous souffrez? *(loc fam) she's a pain in the neck* elle me tape sur les nerfs; *she took great pains to prepare a good meal* elle s'est donné beaucoup de peine pour préparer un bon repas. '**painful** *adj* douloureux. '**painless** *adj* indolore. '**painstaking** *adj* consciencieux.	**peine** *n* **1** grief; *nous lui avons fait part de notre peine à la mort de son mari* we let her know how grieved we were at the death of her husband **2** *(Jur)* penalty; *la peine de mort a été supprimée* the death penalty has been abolished. **peiné** *adj* hurt, grieved. **peiner** *vb* **1** hurt, grieve **2** labour. *Voir LABOUR.*
'**parcel** *n* colis, paquet.	**parcelle** *n* piece, portion; *parcelle de terrain* piece/plot of land.
'**pardon** *n* **1** amnistie, grâce **2** *(Rel)* pardon ♦ *vb* amnistier, gracier ♦ *(interjection) (I beg your) pardon!* désolé! excusez-moi!; *(au cours d'une conversation) (I beg your) pardon?* comment? plaît-il?	**pardon** *n* forgiveness; *(Rel)* pardon ♦ *(interjection) pardon! puis-je passer?* excuse me! can I get past? **pardonner** *vb* forgive; *il me l'a pardonné* he has forgiven me (for it).
pare *vb* éplucher, peler.	**parer** *vb (un coup)* parry (a blow).
'**parent** *n* père ou mère (à l'exclusion d'autres membres de la famille).	**parent** *n* **1** parent **2** relative; *parent proche* close relative.

ENGLISH

'parlour *(GB)*, **'parlor** *(US) n*
1 parloir **2** salon; *beauty parlour* institut de beauté.

part *n* **1** partie **2** *(Ciné, Th)* rôle.

part *vb* (se) séparer; *a Scot is said not to part easily with his money* on dit qu'un Ecossais rechigne à dépenser son argent.
'parting *n* **1** séparation **2** *(cheveux)* raie.

'partial ['pɑːʃəl] *adj* **1** partial; *he's very partial* il est de parti pris **2** partiel.
'partially *adv* **1** avec partialité **2** partiellement, en partie.

par'ticular *adj* **1** particulier *(sens 1)* **2** pointilleux; *he's very particular about what he eats* il est très difficile pour la nourriture ◆ *n (souvent au plur)* détail(s), précision(s).

par'tition *n* **1** démembrement, morcellement **2** cloison.

'party *n* **1** groupe; *rescue party* équipe de secours **2** *(Pol)* parti; *the Labour Party* le parti travailliste **3** fête, réunion.

pass *vb* **1** passer **2** *(examen)* réussir, être reçu ◆ *n (examen)* succès.

FRANÇAIS

parloir *n* parlour *(sens 1)*.

part *n* part, portion, share; *la part du lion* the lion's share; *pour une large part* to a great extent; *il faut faire la part des choses* you must make allowances; *un cas à part* a special case.

partir *vb* leave, *(surtout US)* quit.

partial *adj* partial *(sens 1)*.
partiel *adj* partial *(sens 2)*; *il travaille à temps partiel* he works part-time.

particulier *adj* **1** special, strange **2** private; *voiture particulière* private car ◆ *n* private person/individual/citizen.

partition *n* **1** partition *(sens 1)* **2** *(Mus)* score.

parti *n* **1** *(Pol)* party **2** *(loc) il a un parti pris* he is partial/prejudiced.
partie *n* part, fragment; *il fait partie de la chorale* he's a member of the choir.

passer *vb* **1** pass, go past **2** *(examen)* sit, take **3** *(temps)* spend.

ENGLISH

'patron ['peɪtrən] *n* **1** *(art, musique...)* mécène **2** *(manifestation culturelle)* membre du public **3** *(hôtel, restaurant)* client.

'patronage ['peɪtrənɪdʒ] *n* **1** mécénat **2** *(hôtel, restaurant)* clientèle.

'patronize ['pætrənaɪz] *vb* **1** traiter avec condescendance **2** *(hôtel, restaurant)* fréquenter, être client de.

'penalty *n* **1** *(Sp)* pénalité; penalty; *penalty area* surface de réparation **2** *(Jur)* peine; *death penalty* peine de mort.

---

per'formance [pə'fɔ:məns] *n* **1** exploit, performance **2** *(Th)* interprétation; *(Mus)* exécution **3** *(Th, Ciné)* représentation, séance.

'period *n* **1** *(temps)* période **2** *(Ens)* (heure de) cours **3** *(ponctuation)* point (final).

'personally *adv* **1** personnellement **2** en personne; *I spoke to him about it personally* je lui en ai parlé de vive voix.

'permit *n* autorisation; licence; *fishing permit* permis de pêche.

---

pest *n* **1** animal nuisible **2** *(fam fig)* what a pest you are! ce que tu peux être embêtant/enquiquinant!

'pester *vb* ennuyer, harceler.

FRANÇAIS

patron *n* **1** *(Com)* head; *(fam)* boss **2** *(hôtel, restaurant)* owner, proprietor **3** *(Rel)* saint *patron* patron saint.

patronage *n* **1** patronage *(sens 1)* **2** *(chrétien)* club, fellowship.

patronner *vb* sponsor.

---

penalty, pénalité *n (Sp)* penalty.

---

performance *n* performance *(sens 1)*.

---

période *n* period *(sens 1)*.

---

personnellement *adv* personally *(sens 1)*; *personnellement je préfère la mer* personally I prefer the sea.

---

permis *n* permit, licence; *permis de conduire* driving licence.

---

peste *n (Méd)* plague; *la peste au Moyen Age* the plague in the Middle Ages.

pester *vb* curse.

ENGLISH

pet *n* **1** animal familier **2** *(fig)* chéri(e); *he's the teacher's pet* c'est le chouchou de la maîtresse ◆ *vb* câliner.

'**petrol** *n (GB) (Auto)* essence.
pe'troleum *n* pétrole.

'**petty** *adj* **1** *(caractère)* mesquin **2** *(détail)* insignifiant.

'**photograph** ['fəʊtəgræf] *n* photographie; *I'll take a photograph of you all* je vous prendrai tous en photo ◆ *vb* photographier.

pho'tographer [fə'tɒgrəfə] *n* photographe; *he's a keen photographer* c'est un passionné de photographie.

photo'graphic [fəʊtə'græfɪk] *adj* photographique.

pho'tography [fə'tɒgrəfɪ] *n* (l'art de la) photographie; *photography is a fascinating hobby* la photographie est un hobby fascinant.

phy'sician *n (lit)* médecin.
'**physicist** *n (science)* physicien.
'**physics** *n (science)* physique.

pipe [paɪp] *n* tuyau; *pipeline* oléoduc; *(plur) (bag)pipes* cornemuse.

place *n* **1** endroit, lieu **2** *(fam)* chez soi; *do come round and have a meal at our place some evening* venez donc manger chez nous un de ces soirs.

FRANÇAIS

pet *n* fart.
péter *vb* fart; *(fam) ça va péter* all hell is going to be let loose.

pétrole *n* petroleum; *(plus usuel)* oil; *puits de pétrole* oil well.

petit *adj* small, little; *entreprise de petite taille* small company.

photo(graphie) *n* **1** *(cliché)* photograph, *(fam)* picture; *je vais te prendre en photo* I'm going to take a picture of you **2** *(art, technique)* photography.

photographe *n* photographer; *c'est un photographe célèbre* he's a famous photographer.

physicien *n* physicist.

physique *n (science)* physics.

pipe *n (à tabac)* pipe.

place *n* **1** *(ville)* square **2** room *(sing inv)*; *peux-tu me faire un peu de place?* could you make some room for me? **3** *(Th & transports)* seat; *j'ai loué ma place pour le théâtre/l'avion* I've booked my seat for the theatre/plane.

ENGLISH

plant *n* **1** plante **2** *(usine)* complexe; *petrochemical plant* complexe pétrochimique.

plate *n* **1** assiette **2** *(en métal)* plaque.

'**platform** *n* **1** *(gare)* quai **2** estrade **3** *(Pol)* plate-forme.

'**policy** *n* **1** politique, ligne de conduite **2** *(assurances)* police.

'**politic** *adj* diplomatique, judicieux.

po'litical *adj* politique.

poli'tician *n* homme/femme politique.

'**politics** *n plur (mais s'accorde tantôt au singulier, tantôt au pluriel)* (idéologie/vie) politique; *your politics are not mine* tes idées politiques ne sont pas les miennes; *party politics is/are often blamed* la politique politicienne est souvent mise en cause.

poly'technic *n* institut universitaire de technologie.

'**positive** *adj* **1** *(≠ négatif)* positif **2** catégorique; *I'm positive about it* j'en suis sûr.

'**prejudice** *n* préjugé.

'**prejudiced** *adj* partial, plein de préjugés.

'**premise** *n (philosophie)* prémisse.

FRANÇAIS

plante *n* plant *(sens 1)*.

plat *n* **1** *(vaisselle)* dish **2** *(mets)* dish **3** *(ordre des plats)* course; *a three-course meal* un repas composé de trois plats.

plate-forme *n (Pol)* platform.

politique *adj* political; *il y a une lutte politique entre la droite et la gauche* there is a political struggle between right and left (wing); *(loc) homme/femme politique* politician ◆ *n* **1** politics; *il s'intéresse activement à la politique* he takes an active interest in politics; *(loc) la politique politicienne* party politics **2** policy *(plur* policies), program(me); *c'est une vraie politique de gauche* it's a real left-wing policy.

Polytechnique *n* one of the "grandes écoles".

positif *adj* positive *(sens 1)*.

préjudice *n* harm; *cela risque de porter préjudice à sa carrière* that might well compromise his career.

prémisse *n (philosophie)* premise.

ENGLISH / FRANÇAIS

'premises *n plur inv (souvent Com)* local, locaux.

'presently *adv* **1** *(GB)* sous peu; *she'll be coming presently* elle va venir tout à l'heure **2** *(US)* maintenant, en ce moment.

présentement *adv* now, at present.

pre'tend *vb* **1** faire semblant, feindre **2** prétendre.

prétendre *vb* claim, pretend *(sens 2)*.

pre'vent *vb* empêcher.

prévenir *vb* **1** *(personne)* warn **2** *(événement)* avert, forestall.

pre'vention *n* prévention *(sens 1)*; *(proverbe) prevention is better than cure* il vaut mieux prévenir que guérir.

prévention *n* **1** *(accident, crime...)* prevention **2** prejudice.

prime *n* apogée; *in the prime of life* dans la force de l'âge; *she is past her prime* elle n'est plus dans la fleur de l'âge ◆ *adj* fondamental; *it's of prime importance* c'est une affaire de la première importance; *prime minister* premier ministre.

prime *n* bonus; *prime de fin d'année* end-of-year bonus; *on donne un agenda en prime* you get a diary as a gift; *(fig) c'est une prime à la paresse* it simply encourages laziness.

pro *n (abrév de* professional) pro.

pro *n (abrév de* professionnel) pro.

pros and cons *(loc)* le pour et le contre; *weigh up the pros and cons* peser le pour et le contre.

'process *n* procédé.

procès *n* **1** *(devant un tribunal)* trial; *le procès débutera lundi* the trial will begin on Monday **2** case; *(loc) je vais lui faire un procès* I'm going to sue him/take him to court.

'produce ['prɒdju:s] *n sing inv (Agr exclusivement)* produit(s); *dairy produce* produit(s) laitier(s) ◆ [prə'dju:s] *vb* produire.

produit *n* **1** produce **2** product.

ENGLISH

'**product** ['prɒdʌkt] *n* produit (en tous genres).

pro'fessor *n* professeur d'université.

'**proper** *adj* comme il faut.

'**property** *n* bien, propriété.

pro'priety [prə'praɪətɪ] *n* bienséance.

pro'posal *n* proposition, offre; *proposal of marriage* demande en mariage.

pro'pose *vb* proposer; *I propose we (should) meet next week* je propose de nous rencontrer la semaine prochaine; *he proposed to her yesterday* il a fait sa demande en mariage hier.

prune *n* pruneau ◆ *vb* émonder; tailler.

pub [pʌb] *n abrév fam de* public house.

'**public** *n* public ◆ *adj* public; *public holiday* jour férié; *public library* bibliothèque municipale; *public house* café, débit de boissons.

'**publican** *n* **1** propriétaire/gérant d'un « public house » **2** publicain.

'**purchase** *vb* acheter ◆ *n* achat.

'**puzzle** ['pʌzl] *n* énigme, mystère; *crossword puzzle* mots croisés; *jigsaw puzzle* puzzle.

FRANÇAIS

professeur *n (secondaire)* teacher; *(universitaire)* lecturer; professor.

propre *adj* **1** clean **2** *(après un adjectif possessif)* own; *c'était de ma propre faute* it was my own fault.

propreté *n* cleanness; cleanliness.

propriété *n* **1** property **2** *(le fait d'être propriétaire)* ownership.

proposition *n* proposal.

proposer *vb* propose; suggest; *il a proposé de venir nous voir* he suggested coming/he might come to see us.

prune *n* plum.
prunier *n* plum tree.

pub *n abrév fam de* publicité *ou de* public house.

public *n* public; *(Th)* audience; *le public a applaudi avec enthousiasme* the audience applauded enthusiastically ◆ *adj* public.

publicain *n (Antiquité)* publican *(sens 2)*.

pourchasser *vb* pursue.

puzzle *n* jigsaw puzzle.

Q

ENGLISH	FRANÇAIS
'**question** *vb* **1** questionner, interroger **2** mettre en doute **3** *(Jur)* interroger.	**questionner** *vb* question *(sens 1)*.
queue [kju:] *n* queue, file d'attente ◆ *vb* faire la queue.	**queue** *n* **1** *(Zool)* tail **2** queue.
quit *vb (fam)* **1** quitter **2** *(US)* cesser; *quit doing that!* arrête de faire ça! **3** renoncer; *he decided to quit* il a décidé d'abandonner la partie; *let's call it quits!* restons-en là!	**quitter** *vb* leave; *il faut que je vous quitte maintenant* I've got to leave you now.

R

ENGLISH	FRANÇAIS
race *n* **1** race **2** course ◆ *vb* courir; *(Auto) racing car* voiture de course; *don't race the engine!* n'emballe pas le moteur!	**race** *n* *(ethnique) (humaine)* race; *(animale)* breed; stock.
'raffle *n* loterie, tombola.	**rafle** *n* *(police)* raid, roundup.
'raisin *n* raisin sec.	**raisin** *n* grape; *une grappe de raisin* a bunch of grapes.
ramp *n* **1** *(aéroport)* passerelle **2** *(garage)* pont.	**rampe** *n* **1** *(d'escalier)* handrail **2** *(Th)* footlights.
'rampant *adj (végétation)* luxuriant; *(fig) unemployment is rampant* le chômage sévit partout.	**rampant** *adj* creeping; *animaux rampants* crawling animals.
	ramper *vb* crawl, creep; *(fig) (péj)* crawl, grovel.
range *n* **1** *(montagne)* chaîne **2** portée; *within range* à portée **3** *(marchandises)* gamme ◆ *vb* s'étendre; *his garden ranges from the woods right down to the sea* son jardin s'étend de la forêt à la mer; *the goods range from peanuts to garden furniture* les denrées vont des cacahuètes au mobilier de jardin.	**rang, rangée** *n* row, line. **ranger** *vb* **1** tidy (up) **2** classify **3** *(fig)* rank; *on peut ranger cet auteur parmi les grands* this writer can be ranked among the great **4** *(Auto)* park; pull in **5** *(loc) je me range à ton avis* I agree with you. **rangement** *n* **1** *(acte)* tidying-up **2** *(lieu)* cupboard/storage space.
rape *n* viol ◆ *vb* violer.	**râpe** *n (Cuis)* grater. **râper** *vb (Cuis)* grate.
rare *adj* **1** rare, peu fréquent **2** *(viande)* saignant.	**rare** *adj* scarce, rare *(sens 1)*.

ENGLISH

rate *n* **1** taux; *(Bourse) exchange rate* taux de change **2** *(plur) (Pol)* impôts locaux ◆ *vb* évaluer.

rave *vb (Méd)* délirer.

'rayon *n (tissu)* rayonne.

reali'zation *n* **1** prise de conscience **2** *(banque)* réalisation; conversion.
'realize *vb* **1** se rendre compte de **2** *(banque)* réaliser; convertir.

re'but [rɪ'bʌt] *vb* réfuter.

re'claim *vb (bagages, terre...)* récupérer.

'record ['rekɔ:d] *n* **1** *(compétition)* record **2** rapport; dossier; *he has a police record* il a un casier judiciaire **3** *(Mus)* disque.
re'cord [rɪ'l ɔ:d] *vb* **1** noter, inscrire **2** enregistrer.

re'coup *vb (Fin & Com)* récupérer (des pertes).

'rector *n* **1** pasteur anglican **2** président d'université.

re'dundancy *n* **1** *(Lit)* redondance **2** *(Econ)* chômage.
re'dundant *adj* **1** *(Lit)* redondant **2** *(Econ)* au chômage; *he was made redundant* il a été mis à pied.

FRANÇAIS

rate *n (Méd)* spleen.

ravir *vb* delight.
ravissement *n* delight.

rayon *n* **1** *(meuble)* shelf **2** *(magasin)* department.

réalisation *n* **1** achievement, exploit, success **2** *(banque)* realization.
réaliser *vb* **1** achieve **2** *(banque)* realize.

rebuter *vb* disgust, repel.

réclamer *vb* claim; demand.

record *n* record *(sens 1)*.

recouper *vb* (cross-)check; *les récits se recoupent* the stories check.

recteur *n (Ens)* director of education.

redondance *n (Lit)* redundancy *(sens 1)*.
redondant *adj (Lit)* redundant *(sens 1)*.

ENGLISH

re'fer *vb* faire allusion; *who are you referring to?* de qui parles-tu?

re'frain *vb* s'abstenir; *please refrain from feeding the animals* veuillez ne pas donner à manger aux animaux.

re'fusal [rɪ'fju:zəl] *n* refus.
re'fuse [rɪ'fju:z] *vb* refuser.
'refuse ['refju:s] *n sing inv* détritus, ordures.

re'gard *n* estime; *everyone has a great regard for him* tout le monde le tient en grande estime.

re'gards *n plur inv* amitiés; *give her my (best) regards* transmettez-lui mon meilleur souvenir.

re'lation *n* **1** relation; *this bears/has no relation to the facts* ceci n'a aucun rapport avec les faits **2** parent (proche ou éloigné); *she has no relations left* elle n'a plus de famille.
'relative *n* parent (proche ou éloigné).

re'lief *n* soulagement; *(impôts)* exonération.
re'lieve *vb* soulager.

FRANÇAIS

référer (se) *vb* refer; *il faut vous référer à votre dictionnaire* you must refer to/look up/consult your dictionary.

réfréner *vb* curb, restrain.

refrain *n (Mus)* refrain, *(fam)* chorus.

refus *n* refusal; *(loc fam) ce n'est pas de refus!* I won't say no!
refuser *vb* refuse.

regard *n* look; *il m'a lancé un regard de colère* he cast an angry look at me; *(loc fig) au regard de la loi* in the eyes of the law.

regarder *vb* look (at); *qu'est-ce que tu regardes?* what are you looking at?

relation *n* **1** relation *(sens 1)*; **2** relation, acquaintance: *il est utile d'avoir des relations qui ont de l'influence* it's a good thing to have influential friends.
relatif *adj* relative; *tout est relatif* everything is relative.

relief *n (topographie)* relief, contour.
relever (de) *vb* relate (to); *cela relève de la justice* it's a matter for the courts to decide.

ENGLISH

re'ly [rɪ'laɪ] *vb* compter, dépendre; *you can rely on me* tu peux compter sur moi; *he has still to rely on his parents* il est encore à la charge de ses parents.

re'mark *n* remarque, observation; *he made some nice remarks on your work* il a commenté favorablement ton travail ◆ *vb* faire une remarque; commenter; *she remarked that my garden was looking fine* elle a dit (en passant) que j'avais un beau jardin.

rent *n* loyer ◆ *vb* louer.

re'place *vb* **1** replacer **2** remplacer.

re'placement *n* remplacement.

re'port *n* **1** rapport, compte rendu **2** *(journal)* reportage **3** *(Ens)* bulletin scolaire ◆ *vb* rapporter, notifier, signaler.

re'sent *vb* s'offusquer de; s'élever contre.

re'sign [rɪ'zaɪn] *vb* **1** se résigner; *he had resigned himself/was resigned to living alone* il s'était résigné/était résigné à vivre seul **2** démissionner; *he finally resigned* finalement il a démissionné.

resig'nation [rezɪɡ'neɪʃən] *n* **1** résignation **2** démission.

FRANÇAIS

relier *vb* connect; *il importe de relier les éléments de ton argumentation de façon logique* you must link your arguments in a logical fashion.

remarque *n* remark.
remarquer *vb* notice, perceive.

rente *n* income (from investments).

replacer *n* replace *(sens 1)*.
remplacer *vb* replace *(sens 2)*.

remplacement *n* replacement.

report *n* adjournment, postponement.
reporter *vb* adjourn, postpone; *la réunion est reportée à demain* the meeting is postponed until tomorrow.

ressentir *vb* **1** resent **2** feel; *ressentir de la honte* feel shame.

résigner (se) *vb* resign *(sens 1)*.

résignation *n* resignation *(sens 1)*.

101

ENGLISH

re'sort [rɪ'zɔ:t] *n* **1** *(vacances)* station; *skiing resort* station de ski **2** ressource; *(loc) in the last resort* en dernier recours.

---

re'spects *n plur* respects, hommages; *the ambassador paid his respects to the president* l'ambassadeur a rendu une visite de courtoisie au président.

re'spectful *adj* respectueux.

---

rest *vb* (se) reposer ◆ *n* repos.

---

resto'ration [restə'reɪʃən] *n* **1** restauration, remise en état **2** *(Jur)* restitution.

re'store [rɪ'stɔ:] *vb* **1** restaurer, rénover **2** *(Jur)* restituer.

---

re'sume *vb* reprendre (une activité).

ré'sumé *n* **1** résumé **2** *(US)* curriculum vitae.

re'sumption *n* reprise (d'une activité).

---

re'tire [rɪ'taɪə] *vb* **1** se retirer **2** prendre sa retraite.

re'tirement *n* retraite (après la vie « active »).

---

re'treat *n* (*Mil*) retraite ◆ *vb* battre en retraite.

FRANÇAIS

ressort *n* **1** *(mécanique)* spring; *(fig) je manque de ressort* I've no energy **2** responsibility; *c'est de mon ressort* that concerns me.

---

respects *n plur* respects; *présentez mes respects à votre femme* give my respects/regards to your wife.

respectueux *adj* respectful.

---

rester *vb* remain, stay; *je suis resté bouche bée* I was speechless.

---

restauration *n* **1** restoration *(sens 1)* **2** catering; restaurant business.

restaurer *vb* **1** restore *(sens 1)* **2** *(se ~)* have something to eat.

---

résumer *vb* **1** sum up **2** *(livre, article, etc.)* summarize.

résumé *n* **1** summing-up **2** résumé, summary.

---

retirer *vb* withdraw; *les troupes ont été retirées* the troops have been withdrawn; *je retire ma critique* I withdraw my criticism.

---

retraite *n* **1** *(carrière)* retirement **2** *(Mil)* retreat.

ENGLISH

re'turn *vb* **1** revenir **2** restituer **3** *(Pol)* élire ◆ *n* **1** retour; *return ticket* billet d'aller et retour; *(loc) by return of post* par retour de courrier; *many happy returns!* bon anniversaire (de naissance)! **2** *(fisc) income tax return* déclaration de revenus.

re'verse *n* **1** inverse **2** *(Auto)* marche arrière ◆ *vb* **1** inverser; *reverse the trend* inverser la tendance **2** *(Auto)* faire une marche arrière.

rhyme [raɪm] *n* **1** *(poésie)* rime **2** *(enfants) nursery rhyme* comptine.

'ridicule ['rɪdɪkjuːl] *n* ridicule ◆ *vb* ridiculiser.

rime [raɪm] *n* gelée blanche, givre.

'Roman *n* Romain ◆ *adj* romain.

ro'mance *n* **1** idylle **2** *(langues) the Romance languages* les langues romanes. ◆ *vb* fantasmer.

Roma'nesque *adj (architecture)* roman; *a Romanesque church* une église romane.

ro'mantic *adj* romantique; romanesque.

ro'manticism *n* romantisme.

FRANÇAIS

retourner *vb* **1** return, go back **2** turn round; *retourner une carte* turn over a card; *le bateau s'est retourné* the boat capsized; *(fig) j'étais tout retourné* I was utterly upset.

retour *n* return *(sens 1)*.

reverser *vb* pay back.

rime *n* rhyme *(sens 1)*.

ridicule *adj* ridiculous.

rime *n* rhyme *(sens 1)*.

roman *adj (architecture)* Romanesque ◆ *n (Lit)* novel.

Romain *n* Roman; *les Romains envahirent l'Angleterre* the Romans invaded England; *(loc) il a fait un travail de Romain* he performed a Herculean task.

romain *adj* Roman; *les conquêtes romaines* the Roman conquests.

romanesque *adj* romantic.

romancier *n* novelist.

ENGLISH

round *adj* rond; *round figure* chiffre rond ◆ *n* (*bistro*) tournée; *it's my turn to stand everybody a round (of drinks)* c'est à moi de payer une tournée générale.

route [ru:t] *n* itinéraire.

rude [ru:d] *adj* grossier, impoli; *a rude story* une gauloiserie.

rue *n* regret; *"with rue my heart is laden..."* mon cœur est rempli de chagrin ◆ *vb* regretter; *"I rue the day I met her"* je maudis le jour où j'ai fait sa connaissance.

'rupture *n* (*Méd*) hernie ◆ *vb* (*Méd*) déchirer; *he ruptured a muscle* il s'est claqué un muscle.

rut *n* ornière; (*fig*) *we're in a rut* nous sommes dans l'impasse.

FRANÇAIS

rond *adj* (VA) round.
rond *n* circle; *on n'avance pas, on tourne en rond!* we're getting nowhere, we're just going round in circles!
ronde *n* **1** (*police*) rounds (*plur inv*) **2** (*enfants*) dance.

route *n* road; *route nationale* main road.

rude *adj* difficult, hard; *c'est une rude tâche* it's a tough job.

rue *n* street; *la grand-rue* the main street.
ruer *vb* (*cheval*) kick; (*fig*) *j'ai envie de ruer dans les brancards* I feel like kicking over the traces.

rupture *n* break.

rut *n* (*sexuel*) heat; *le chien est en rut* the dog is in heat.

S

ENGLISH	FRANÇAIS
sable *n* zibeline.	**sable** *n* sand.
sack *n* **1** sac **2** *(emploi)* renvoi; *he was given the sack* il a été renvoyé ◆ *vb* renvoyer.	**sac** *n* **1** *(en général)* bag; *sac à main* handbag **2** *(en toile)* sack.
sa'loon *n* **1** *(hôtel)* salon **2** *(US)* bar **3** *(Auto)* berline.	**salon** *n* **1** *(hôtel)* saloon **2** *(maison)* drawing room, salon.
sa'lute *n* **1** *(Mil)* salut **2** *(Mil)* salve.	**salut** *n* **1** *(Mil)* salute **2** greeting; *(fam) Salut!* Hi! Hullo!
'sanguine *adj* ['sæŋgwɪn] *(lit)* optimiste.	**sanguin** *adj visage sanguin* florid/ruddy complexion.
'scallop *n* coquille Saint-Jacques.	**escalope** *n* cutlet; *escalope de veau* veal cutlet.
'scandal *n* **1** scandale; *it's a scandal!* c'est une honte! **2** cancan; *talk scandal* colporter des ragots; *scandalmonger* mauvaise langue.	**scandale** *n* scandal *(sens 1)*.
scene [si:n] *n* scène; *(Th) the first scene of the third act* la première scène du troisième acte.	**scène** *n* **1** scene **2** *(estrade)* stage.
scheme [ski:m] *n* plan, projet; *(péj)* intrigue, complot ◆ *vb* comploter; projeter.	**schéma** *n* **1** diagram **2** outline.
	schématiser *vb* **1** outline **2** *(péj)* (over)simplify.
score *n* **1** *(Sp)* score **2** *(Mus)* partition.	**score** *n* score *(sens 1)*.

105

ENGLISH

sense *n* sens; *common sense* le bon sens.

sensi'bility *n (sentiments)* sensibilité.

'sensible *adj* sensé.

'sensitive *adj* **1** sensible **2** *(péj)* susceptible.

'sensitiveness *n (sentiments)* sensibilité.

sensi'tivity *n (appareil)* sensibilité.

'sentence *n* **1** phrase **2** *(Jur)* peine; *suspended sentence* condamnation avec sursis ◆ *vb (Jur)* condamner.

servi'ette *n* serviette de table.

sign [saɪn] *n* **1** signe, geste **2** enseigne; panneau ◆ *vb* **1** signer **2** faire signe.

singe [sɪndʒ] *n* petite brûlure ◆ *vb* brûler légèrement.

'socialize *vb* **1** *(Pol)* socialiser **2** avoir une vie sociale; fréquenter du monde.

'socket *n* **1** *(œil)* orbite **2** *(Elect)* douille; prise.

so'licit *vb* **1** solliciter, demander **2** *(prostitution)* racoler.
so'licitor *n* notaire.

FRANÇAIS

sens *n* sense.

sensibilité *n (en général)* sensitivity; *(sentiments)* sensibility; *elle est d'une grande sensibilité* she is very sensitive/has great sensibility.

sensible *adj* sensitive; *ce film est sensible à l'infrarouge* this film is sensitive to infra-red light.

sentence *n (Jur)* sentence; *(morale)* condamnation.

serviette *n* **1** *(de table)* serviette, napkin **2** *(de bain)* towel.

signe *n* sign *(sens 1)*.
signer *vb* sign *(sens 1)*.

singe *n (Zool)* monkey; *grand singe* ape.
singer *vb* ape, mimic.

socialiser *vb (Pol)* socialize.

socquette *n* sock.

solliciter *n* solicit *(sens 1)*.

ENGLISH	FRANÇAIS
'solid *adj* 1 (≠ *fragile*) solide 2 (*plein*) massif; *solid gold* or massif.	solide *adj* solid *(sens 1)*.
sort *n* sorte, espèce, genre; *they sell all sorts of things in that shop* on vend de tout dans ce magasin ◆ *vb* classer; ranger.	sort *n* destiny, fate; *le sort est tombé sur lui* it fell to his lot; *tirer au sort* draw lots.
'spectacle *n* 1 spectacle *(sens 2)* 2 *plur inv* lunettes.	spectacle *n* 1 *(Th, cirque...)* show 2 *(spectaculaire)* spectacle, sight.
'spirit *n* 1 (*âme*) esprit 2 vigueur, courage. 'spiritual *adj (Rel)* spirituel.	esprit *n* 1 (*âme*) spirit 2 (*intellect*) mind 3 (*humour*) wit. spirituel *adj* 1 *(Rel)* spiritual 2 (*humour*) witty.
sport *n* sport; *he is good at/keen on sport(s)* il est très sportif. 'sportive *adj* badin, folâtre.	sportif *adj (personne)* good at/keen on sport(s); *association sportive* sports club.
square *n* 1 carré 2 (*ville*) place.	square *n* public garden.
stage *n* 1 estrade 2 *(Th)* scène; *he wants to go on the stage* il veut faire du théâtre 3 étape; *at this stage* à ce stade 4 (*fusée*) étage.	stage *n* (training) course; *il est en stage* he's on a course. stagiaire *n* trainee.
stall [stɔːl] *n* 1 (*église*) stalle 2 *(Th)* fauteuil d'orchestre 3 (*écurie*) stalle; box.	stalle *n* stall *(sens 1 & 3)*.
stand *n* 1 (*exposition*) stand 2 socle, support; *(loc) music stand* pupitre.	stand *n* stand *(sens 1)*.
'station *n* 1 gare 2 *power station* centrale électrique.	station *n (vacances)* resort; *station de ski* ski resort; *station thermale* spa.
'stationary *adj* stationnaire.	stationnaire *adj* stationary.

107

ENGLISH	FRANÇAIS
'stationer *n* papetier. 'stationery *n* papeterie.	
	stationner *vb (Auto)* park; *défense de stationner!* no waiting!
stock *n* 1 *(Com)* stock 2 *sing inv* actions, valeurs; *the Stock Exchange* la Bourse.	stock *n (Com)* stock.
store *n* 1 provision 2 magasin; *department store* grand magasin.	store *n (fenêtre)* blind.
stress *n* 1 *(Méd)* stress 2 insistance; *I lay great stress on punctuality* je tiens beaucoup à être à l'heure 3 *(Gr)* accent tonique ◆ *vb* insister.	stress *n (Méd)* stress, strain, pressure; *elle est stressée* she is under stress.
'studio *n* 1 atelier (de peintre) 2 *(Ciné)* studio; *film/shoot in the studio* tourner en studio.	studio *n* 1 *(Ciné)* studio 2 *(appartement) (GB)* one-room(ed) flat(let), *(US)* studio apartment.
suc'ceed *vb* [sək'si:d] 1 succéder (à); *he succeeded his father* il a succédé à son père 2 réussir. suc'cess [sək'ses] *n* réussite. suc'cessful [sək'sesfəl] *adj (personne)* qui réussit/a réussi; *(acte)* réussi.	succéder *vb* succeed *(sens 1)*. succès *n* success.
sue [su:] *vb (Jur)* poursuivre en justice.	suer *vb* sweat [swet].
suite *n (hôtel)* suite.	suite *n* 1 *(hôtel)* suite 2 *(histoire)* following/next episode.
sum *n* 1 somme 2 *(Ens) (arithmétique)* opération.	somme *n* sum *(sens 1)*.
su'pply *vb* fournir ◆ *n* fourniture(s).	suppléer *vb* compensate (for), make up (for).

ENGLISH

su'pport *vb* soutenir; *he has a family to support* il doit subvenir aux besoins d'une famille ◆ *n* soutien.
su'pporter *n* **1** *(Sp)* supporter **2** *(Pol)* partisan; *he's a Labour supporter* il soutient le parti travailliste.

'surname *n* nom de famille.

suscepti'bility *n* sensibilité.
su'sceptible *adj* sensible, vulnérable.

sur'vey *vb* passer en revue.

'survey *n* étude approfondie; *he was responsible for the economic survey* il était responsable de l'enquête économique; *survey of public opinion* sondage d'opinion.

sympa'thetic *adj* compatissant, compréhensif; *sympathetic strike* grève de solidarité.
'sympathize *vb* compatir.

'sympathy *n* **1** compassion, compréhension; *with our deepest sympathy* avec nos plus sincères condoléances **2** *(grève)* solidarité; *the other workers came out in sympathy* les autres ouvriers ont fait une grève de solidarité.

FRANÇAIS

supporter *vb* bear; *il ne supporte pas qu'on le critique* he can't bear being/to be criticized; *il faut bien supporter certaines choses* you have just to put up with certain things.

surnom *n* nickname.

susceptibilité *n* touchiness.
susceptible *adj* touchy, thin-skinned.

surveiller *vb* **1** *(danger)* watch; *ces enfants ne sont pas surveillés* there's no one to look after those children **2** *(travail)* supervise; *il faut surveiller leur travail* you have to supervise their work.

surveillance *n* supervision; *sous la surveillance de l'institutrice* under the supervision of the teacher.

sympathique *adj* likeable, nice.

sympathiser *vb* **1** sympathize **2** become friendly; *nous avons sympathisé tout de suite* we took to each other immediately.

sympathie *n* **1** sympathy **2** liking; *il a ressenti une grande sympathie pour elle* he took a great liking to her.

T

ENGLISH	FRANÇAIS
tan *vb* bronzer; *you've got a lovely tan* tu es bien bronzé ◆ *n* bronzage.	**tanner** *vb* **1** tan **2** badger, harass.
tank *n* **1** *(Auto)* réservoir **2** *(Mil)* char de combat.	**tank** *n (Mil)* tank.
tap *n* **1** (petite) tape **2** robinet; *beer on tap* bière à la pression ◆ *vb* **1** taper, frapper (doucement) **2** mettre en perce **3** mettre sur écoute; *my line had been tapped* on m'avait mis sur table d'écoute. **tape** *n* bande, ruban; *(fig) red tape* bureaucratie, paperasserie ◆ *vb* enregistrer, magnétoscoper.	**tape** *n* blow; *(gifle)* slap; *(porte)* knock; *(violent)* bang. **taper** *vb* **1** hit, slap; *(porte)* knock; *(violemment)* bang **2** *(clavier)* type.
tax *n* impôt; *income tax* impôt sur le revenu; *value-added tax (= VAT)* taxe à la valeur ajoutée (= TVA) ◆ *vb* imposer. **tax'ation** *n* imposition, charges fiscales.	**taxe** *n* tax. **taxer** *vb* tax.
'tenant *n* locataire.	**tenant** *n* **1** *(Sp)* (record) holder **2** *(loc) les tenants et aboutissants de la question* the ins and outs of the question.
tend *vb* **1** tendre **2** *(Méd)* soigner.	**tendre** *vb* tend ◆ *adj* tender.
'tentative *adj* incertain, provisoire.	**tentative** *n* attempt; *faire une tentative* make an attempt.

ENGLISH

term *n* **1** terme **2** *(Ens)* trimestre **3** *(Pol) term of office* mandat **4** *(Com)* conditions, prix **5** *(loc) let's try to come to terms* essayons d'arriver à un accord/compromis; *they are not on good terms* ils sont brouillés; *they're not on speaking terms* ils ne se parlent plus.

'**terminal** *n* **1** *(ordinateur)* terminal **2** aérogare.

tick *n* **1** tic-tac **2** marque; *put a tick for the right answer* cocher la bonne réponse ◆ *vb* **1** faire tic-tac; *(fig) what makes him tick?* quelle est sa motivation profonde? **2** *(réponse)* cocher.

'**ticket** *n* **1** ticket; billet; *ticket office* guichet; *(transports) single/return ticket* billet simple/d'aller et retour; *season ticket* abonnement **2** *(US) (Pol)* liste électorale; *run on the Democrat ticket* se présenter sur la liste du parti démocrate **3** *(stationnement) I got a ticket the other day* l'autre jour j'ai eu une contravention.

tier *n* gradin.

'**tissue** *n* **1** tissu **2** mouchoir en papier.

torch *n* **1** lampe de poche **2** flambeau; *hand on the torch* passer le flambeau; *torchlight procession* retraite aux flambeaux.

FRANÇAIS

terme *n* term *(sens 1)*; *le bail arrive à terme* the lease is near its end; *au terme de son apprentissage* at the end of his apprenticeship.

terminal *n* terminal.

tic *n (visage)* tic, twitch.

tiquer *vb* object, pull a (wry) face.

ticket *n* ticket *(sens 1)*.

tiers *n* third.

tissu *n* **1** tissue **2** *(Anat)* tissue **3** *(textile)* cloth, fabric.

torche *n* torch *(sens 2)*.

ENGLISH

touch [tʌtʃ] *n* **1** *(physique)* le toucher **2** contact; *the human touch* le contact humain; *let's keep in touch* gardons le contact; *we've lost touch with them* nous les avons perdus de vue **3** *(Sp)* touche; *he kicked the ball into touch* il a envoyé la balle en touche.

'traffic *n* **1** *(illégal)* trafic **2** *(véhicules)* circulation.

train *vb* **1** (s')entraîner **2** (se) former; *he's training to be a pilot* il suit une formation de pilote; *he's on a training course* il fait un stage; il est en formation.

'trainee *n* stagiaire.

'training *n* instruction; *they get a good training* ils reçoivent une bonne formation; *(Ens) training college* école normale.

tran'spire *vb* s'avérer; *it transpired that...* on a appris par la suite que...

trap *n* **1** trappe **2** piège ◆ *vb* piéger.

'travel *n sing inv* voyage(s); *(dicton) travel broadens the mind* les voyages forment la jeunesse; *(dans les noms composés) travel agency* agence de voyages ◆ *vb* voyager. *Voir aussi* JOURNEY, TRIP *et* VOYAGE.

FRANÇAIS

touche *n* **1** *(piano)* key **2** *(Sp)* touch **3** *(couleur)* touch; *une touche de couleur* a touch of colour.

toucher *n* touch *(sens 1)* ◆ *vb* touch; *l'année touche à sa fin* the year is coming to an end.

trafic *n* traffic *(sens 1)*.

traîner *vb* **1** *(objets)* lie about; *ne laisse pas traîner tes affaires!* don't leave your things lying around! **2** *(personne)* trail, drag; *elle traîne son mari dans les magasins* she trails her husband round the shops; *ne traîne pas!* don't dawdle! *ce procès traîne en longueur* this trial has been going on for ages; *les choses ne vont plus traîner!* things will start moving soon!

transpirer *vb* perspire, sweat [swet].

trappe *n* trapdoor.

travail *n* job; *(sing inv)* work; *j'ai un travail fou en ce moment* I'm up to the eyes in work at the moment; *c'est un travail de longue haleine* it's a long-term job.

ENGLISH	FRANÇAIS
'treason *n (Jur & Pol)* (haute) trahison.	trahison *n* betrayal; *(Jur)* treason.
'trespass *vb (Jur)* empiéter sur la propriété d'autrui.	trépas *n (lit)* demise; death.
'trespasser *n (Jur)* intrus; *trespassers will be prosecuted* entrée interdite sous peine de poursuites.	trépasser *vb (lit)* pass away, depart (this life); die.
'tributary *n (Géog)* affluent.	tributaire *adj* dependent (on).
trim *vb* 1 *(cheveux)* rafraîchir 2 *(vêtements)* orner, parer.	trimer *vb* work hard; work one's fingers to the bone; slave.
trip *n* 1 (court) voyage 2 excursion ♦ tripper *n* excursionniste. *Voir aussi JOURNEY, TRAVEL, VOYAGE.*	
tripe [traɪp] *n* 1 *sing inv (Cuis)* tripes 2 idiotie(s).	tripes *n plur inv* 1 *(Cuis)* tripe *(sing inv)* 2 *(Anat)* guts; *(fig) il n'a pas de tripes* he's got no guts.
'trivial *adj* ['trɪvɪəl] banal, sans importance.	trivial *adj* commonplace; vulgar.
trivi'ality [trɪvɪ'ælɪtɪ] *n* banalité; chose sans importance, vétille.	trivialité *n* vulgarity.
'trolley *n (gare, supermarché)* caddie; *(restauration)* chariot; *(à la maison)* table roulante.	trolley *n* trolley bus.

ENGLISH

'trouble ['trʌbl] *n* **1** difficulté; *what's the trouble?* qu'est-ce qu'il y a (qui ne va pas)?; *I'm in trouble* j'ai des ennuis; *we'll soon get you out of trouble* on aura vite fait de te tirer d'embarras **2** chagrin; *she's had a lot of trouble in her life* elle a eu beaucoup de soucis dans sa vie **3** *(Méd)* affection; *he has heart trouble* il est cardiaque **4** dérangement; *you went to a lot of trouble* tu t'es donné beaucoup de mal; *it was no trouble* c'était avec plaisir ◆ *vb* (se) déranger; *don't trouble to make fresh coffee!* ne vous donnez pas la peine de faire du café frais!

'truant ['truənt] *n (Ens) play truant* faire l'école buissonnière.

trust [trʌst] *n* **1** confiance; *(Jur) breach of trust* abus de confiance **2** *(Fin)* trust ◆ *vb* faire confiance à; *I trust you* j'ai confiance en vous; *I'll trust you with a secret* je vais vous confier un secret.

'tutor ['tju:tə] *n* **1** précepteur **2** *(université) (GB)* directeur d'études, professeur; *(US)* assistant.

FRANÇAIS

trouble *n* **1** *(Méd)* trouble, complaint, disorder **2** *(social)* discord, disturbance; *troubles sociaux* labour/social unrest ◆ *adj (eau)* cloudy; *(image)* blurred; *(fig)* shady; *c'est une affaire trouble* it's a fishy business.

troubler *vb* **1** *(déranger)* disturb, perturb; *ne me parle pas quand je travaille! tu me troubles!* don't talk to me when I'm working! you disturb me! **2** *(inquiéter)* worry; *il y a un détail qui me trouble* there's a detail that bothers me; *elle se trouble pour un rien* she gets upset for nothing.

truand *n* gangster, scoundrel.

trust *n (Com)* trust; corporation.

tuteur *n (Jur)* guardian.

U

ENGLISH	FRANÇAIS
um'brella *n* parapluie.	ombrelle *n* parasol.
'undertake *vb* entreprendre; prendre en charge; *you're undertaking something!* tu te charges de quelque chose! 'undertaker *n* entrepreneur des pompes funèbres. 'undertaking *n* (*acte*) entreprise.	entreprendre *vb* undertake. entrepreneur *n* **1** (*Com*) contractor **2** (*pompes funèbres*) undertaker. entreprenant *adj* enterprising. entreprise *n* **1** (*esprit*) enterprise, initiative **2** (*Com*) concern, firm.
un'easy *adj* mal à l'aise.	malaisé *adj* difficult, hard.
un'fortunate *adj* **1** malheureux **2** regrettable; *an unfortunate mistake* une erreur regrettable.	infortuné *adj* unfortunate (*sens 1*).
'union [ˈjuːnjən] *n* **1** union **2** (*trade*) union syndicat (ouvrier).	union *n* union (*sens 1*).
'urban [ˈɜːbən] *adj* urbain. ur'bane [ɜːˈbeɪn] *adj* courtois.	urbain *adj* urban.
use *vb* utiliser.	user *vb* (*objets & personnes*) wear (out); *elle s'est usée au travail* she worked her fingers to the bone/wore herself out working; *ce tissu s'use vite* this material gets quickly worn.

115

ENGLISH

used [ju:zd] *adj used car* voiture d'occasion.

used [ju:st] *adj (suivi d'un nom ou d'un verbe en* -ing) habitué; *I'm used to eating late* je suis habitué à manger tard (= cela ne me dérange pas); *I'm not used to eating late* (= l'expérience est nouvelle pour moi); *you'll soon get used to dinner being served late* tu t'habitueras vite à manger tard le soir.

used [ju:st] *vb (employé exclusivement au passé) I used to eat late* j'avais l'habitude de manger tard (= ce n'est plus le cas).

FRANÇAIS

usé *adj (objets & personnes)* worn (out); *ce manteau est usé jusqu'à la trame* this coat is (worn) threadbare.

usagé *adj (objets)* worn; second-hand.

V

ENGLISH

'vacancy ['veɪkənsɪ] *n* **1** poste vacant; *there are no vacancies* on n'embauche pas **2** chambre à louer; *the hotel has no vacancies* l'hôtel est complet.

'vacant ['veɪkənt] *adj* **1** vacant; *the post is vacant* le poste est libre **2** vide; *vacant eyes* les yeux vides d'expression.

va'cate *vb* évacuer, vider (les lieux).

va'cation [və'keɪʃən] *n* vacances; *the summer vacation is drawing near* les grandes vacances approchent.

'valid *adj* valable.

'valuable *adj* précieux, de valeur.

'value *n* valeur; *you get good value for your money* tu en as pour ton argent.

---

vault *n* **1** voûte **2** *(banque)* chambre forte **3** saut; *pole vault* saut à la perche.

'vendor *n* **1** vendeur ambulant **2** *(boissons)* distributeur automatique.

FRANÇAIS

vacance *n (Jur)* abeyance; gap.

vacances *n plur inv* holiday(s), vacation(s); *nous serons bientôt en vacances* we shall soon be on holiday/on vacation.

vacant *adj* vacant.

vacation *n* emolument(s), fee(s).

---

valide *adj (personne)* bien-portant.

valable *adj* valid.

valeur *n* **1** value **2** *(plur) (Bourse)* securities, stocks and shares.

---

voûte *n (architecture)* vault; *plafond en voûte* vaulted ceiling.

---

vendeur *n (Com)* salesman; *(magasin)* assistant.

ENGLISH	FRANÇAIS
verge *n* bord, accotement; *(fig) I was on the verge of leaving* j'étais sur le point de partir; *she was on the verge of tears* elle était au bord des larmes ◆ *vb* tendre; *he's verging on eighty* il va sur ses 80 ans.	**verge** *n (Anat)* penis, *(fam)* prick, cock.
'verger ['vɜ:dʒə] *n (Rel)* bedeau.	**verger** *n* orchard.
'versatile ['vɜ:sətaɪl] *adj* **1** *(personne)* doué dans maints domaines **2** *(chose)* à multiples usages.	**versatile** *adj* changeable, fickle.
verse *n* **1** vers; *what is not prose is verse* tout ce qui n'est point prose est vers **2** strophe **3** *(chanson)* couplet **4** *(Rel)* verset.	**vers** *n* **1** verse *(sens 1)* **2** line (of poetry).
'vessel *n* **1** vaisseau (sanguin) **2** *(Naut) (lit)* vaisseau, navire.	**vaisseau** *n (lit)* vessel.
vest *n (GB)* tricot de corps; *(US)* gilet.	**veste** *n* jacket; *(fig) ramasser une veste* suffer a serious defeat.
'veteran *n* **1** ancien combattant **2** *(fig)* vétéran; *veteran car* voiture d'époque *(avant 1916)*.	**vétéran** *n* veteran *(sens 2)*.
'vicar ['vɪkə] *n* pasteur anglican. *Voir aussi* CURATE.	**vicaire** *n* curate.
vice [vaɪs] *n* **1** vice; *vice squad* brigade des mœurs **2** défaut (de conception ou de fabrication) **3** étau.	**vice** *n* vice *(sens 1)*.
'vicious ['vɪʃəs] *adj* méchant; *(loc) vicious circle* cercle vicieux.	**vicieux** *adj* vicious, depraved.
vile [vaɪl] *adj* **1** vil, ignoble **2** *(fam)* exécrable; *the weather is vile* il fait un temps de chien; *he's in a vile temper* il est d'une humeur massacrante.	**vil** *adj* **1** vil *(sens 1)* **2** *(Com)* cheap; *métaux vils* base metals; *(loc lit) à vil prix* cheap; *je l'ai acheté à vil prix* I bought it for a song.

ENGLISH

vine [vaɪn] *n (plante)* vigne.
'vineyard ['vɪnjəd] *n (plantation)* vigne.

'virtual *adj* **1** virtuel **2** véritable.
'virtually *adv* **1** presque; *it's virtually finished* c'est comme si c'était fait **2** en fait; *the cheese was virtually rotting* le fromage était vraiment en train de pourrir.

vi'vacious [vɪ'veɪʃəs] *adj* enjoué, gai.

vo'cation [və'keɪʃən] *n (VA)* vocation.
vo'cational *adj* professionnel; *vocational training* formation professionnelle.

'voluntary *adj* **1** volontaire *(sens 1)* **2** bénévole; *voluntary worker* travailleur bénévole.

'voyage ['vɔɪɪdʒ] *n (par mer)* voyage. *Voir aussi JOURNEY, TRAVEL et TRIP.*

FRANÇAIS

vigne *n* **1** *(plante)* vine **2** *(plantation)* vineyard.

virtuel *adj* potential; *(informatique)* virtual *(sens 1)*.

vivace *adj (plantes)* perennial.

vocation *n (VA)* vocation.

volontaire *adj* **1** *(sans contrainte)* voluntary **2** *(voulu)* intentional **3** *(personne)* strongwilled; *(péj)* headstrong, selfwilled.
volontariat *n* voluntary service.
volontiers *adv* willingly.

voyage *n* voyage; journey; travel; trip.

W

ENGLISH	FRANÇAIS

'waggon *(GB)* 'wagon *(US)* n **1** *(Agr)* charrette **2** *(train)* wagon de marchandises **3** *(fig) he's on the bandwaggon* il a pris le train en marche ; *he's on the (water) waggon* il ne boit plus ; il est au régime sec.

wagon n *(train) (passagers)* carriage.

Z

ENGLISH	FRANÇAIS

zest *n* **1** *(personne)* entrain, joie de vivre **2** *(chose)* piquant, saveur.

zone *n* **1** zone **2** *(ville)* secteur ◆ *vb* répartir en zones ; urbaniser.

'**zoning** *n* aménagement du territoire.

zeste *n* *(agrumes)* *(lit)* zest ; *(fam)* peel ; *zeste de citron* lemon peel.

zone *n* zone, area ; *(Econ)* *zone de libre-échange* free trade area ; *zone industrielle (GB)* industrial estate, *(US)* industrial park.

zoner *vb* *(fam)* *(péj)* go downhill, become a drop-out.

Composition réalisée par COMPOFAC - PARIS

IMPRIMÉ EN FRANCE PAR BRODARD ET TAUPIN
Usine de La Flèche (Sarthe)
Librairie Générale Française - 43, quai de Grenelle - 75015 Paris.

ISBN : 2 - 253 - 08566 - 9

Les Langues modernes
[Extrait du catalogue]

Bilingues anglais
Des textes littéraires d'auteurs modernes traduits et annotés.

BELLOW *Saul*
Le Gaffeur/
   Him With His Foot
   in His Mouth — 8757

CHESTERTON *Gilbert Keith*
Le Secret du père Brown/
   The Secret of Father Brown — 8740

CAROLL *Lewis*
Alice au pays des merveilles/
   Alice in Wonderland — 8732

CONRAD *Joseph*
Le Cœur des ténèbres/
   Heart of Darkness — 8703
Un avant-poste du progrès
  suivi de Le Compagnon clandestin/
   An Outpost of Progress/
   The Secret Sharer — 8762

DOYLE *Sir Arthur Conan*
Scandale en Bohême/
   A Scandal in Bohemia — 8758

FORSTER *E.M.*
L'Omnibus céleste/
   The Celestial Omnibus — 8736

GREENE *Graham*
La Fin du goûter/
   The End of the Party — 8730
Le Troisième Homme/
   The Third Man — 8755

HARDY *Thomas*
Une femme d'imagination/
   An Imaginative Woman — 8760

HUXLEY *Aldous*
La Banquet Tillotson/
   The Tillotson Banquet — 8711

JOYCE *James*
Gens de Dublin/Dubliners — 8771

KIPLING *Rudyard*
Histoires comme ça/
   Just so Stories — 8764

MANSFIELD *Katherine*
Sur la baie/At the Bay — 8702

MELVILLE *Herman*
Benito Cereno — 8759

O. HENRY
Printemps à la carte/
   Springtime à la Carte — 8727

POE *Edgar*
Le Chat noir et autres contes/
  The Black Cat
  and Other Short Stories   8739
SILLITOE *Alan*
Vengeance et autres nouvelles/
  Revenge
  and Other Short Stories   8707
STEVENSON *Robert Louis*
L'Étrange Cas
  du Dr Jekyll et de Mr. Hyde/
  The Strange Case
  of Dr. Jekyll and Mr. Hyde   8704
Deux contes noirs/
  Two Gothic Tales   8751
SWIFT *Jonathan*
Voyage à Lilliput/
  A Voyage to Lilliput   8756
Voyage à Brobdingnag/
  A Voyage to Brobdingnag   8768

TWAIN *Mark*
Une journée à Niagara/
  A Day at Niagara   8743
WELLS *H.G.*
L'Empire des fourmis/
  The Empire of the Ants   8734
WILDE *Oscar*
Le Crime de Lord Arthur Savile/
  Lord Arthur Savile's Crime   8735
WOOLF *Virginia*
Kew Gardens   8767
XXX
Nouvelles américaines classiques/
  American Short Stories   8713
Nouvelles victoriennes/
  Victorian Short Stories   8745
Les plus belles chansons anglaises/
  The Best of English Song   8802

Unilingues anglais

**Des textes accessibles avec une annotation détaillée
et simplifiée dans la langue d'origine.**

Lire en ... :

BRADBURY *Ray*
The Martian Chronicles   8621
A Story of Love
  and Other Non-Science
  Fiction Stories   8622
The Last Circus.
  Stories and Interviews   8649
CAPOTE *Truman*
Handcarved Coffins   8669

DAHL *Roald*
Mr Botibol
  and Other Short Stories   8665

FAULKNER *William*
Stories of New Orleans   8613

FITZGERALD *F. Scott*
Pat Hobby and Orson Welles
  and Other Short Stories   8604

GREENE *Graham*
The Basement Room
and Other Short Stories — 8657
The Third Man — 8663
The Tenth Man — 8686

HAMMETT *Dashiell*
et **CHANDLER** *Raymond*
American Detective Stories
of Today — 8659

HEMINGWAY *Ernest*
The Old Man and the Sea — 8639

HIGHSMITH *Patricia*
Trouble at the Jade Towers
and Other Short Stories — 8661

JOYCE *James*
Dubliners — 8642

MAUGHAM *Somerset*
The Escape
and Other Short Stories — 8603

SAKI
The Seven Cream Jugs
and Other Short Stories — 8614
The Open Window
and Other Short Stories — 8676

SHAKESPEARE
Macbeth — 8684
Othello — 8687
Hamlet — 8688

UHLMAN *Fred*
Reunion (L'Ami retrouvé) — 8640

XXX
Seven American Short Stories — 8602
A Long Spoon
and Other Short Stories — 8611
Simple Arithmetic and Other
American Short Stories — 8616
Thirteen Modern English
and American Short Stories — 8600
English Crime Stories
of Today — 8648
The British Press — 8644
English Ghost Stories — 8638

Premières lectures en anglais :
The Umbrella Man
and Other Short Stories — 8670

30/8566/9